JN201180

第9回　東海学シンポジウム

〝あの世〟観に学ぶ～古代・東アジアの葬送文化から～

開催にあたって

私たち、あの世を意識したのはいつのことだったか。あの世をあらかじめ知ろうと思惟をめぐらせて、先人は時に書物、時に芸術、時に音楽、また造形にあの世を表わしてきた。そして、葬送文化には〝あの世〟観がもっともよくあらわれているのではないだろうか。

今回のテーマは、古代の人びとがどのような想いで葬送を行なったか。そこに表わされた〝あの世〟観に学ぶ。発表者は民俗学、考古学、宗教学、古代史の各分野の講師。学術分野は多彩、語りも多様。シンポジウムのなかで、私たちもあの世に連なる歴史の一コマに今、生きている。そのことの「意味」を問うひとときにしたいと考えます。

東海学センター理事長　今尾文昭

第 9 回東海学シンポジウム
“あの世”観に学ぶ 〜古代・東アジアの葬送文化から〜

2022 年 10 月 10 日（祝）

9：25　開会挨拶　今尾文昭（東海学センター理事長）

9：30　講演 1　平井芽阿里（中部大学国際関係学部准教授）
あの世への送金？　〜現代沖縄の死生観〜

10：20　講演 2　穂積裕昌（三重県埋蔵文化財センター課長）
葬所としての古墳
〜河内黒姫山古墳と比自支和気・遊部伝承から考える〜

11：10　講演 3　今尾文昭（関西大学非常勤講師、東海学センター理事長）
古墳を潰して、古墳を造る　―奥津城の仕分け

13：00　講演 4　植田美津恵（愛知医科大学客員教授、僧侶）
戦国武将の“あの世”観

13：50　講演 5　川崎　保（長野県埋蔵文化財センター調査部長）
古代天皇陵をなぜミササギと呼ぶか

14：40　講演 6　平林章仁（元龍谷大学文学部歴史学科教授）
あの世はさかさまの世界　―古代日本の喪葬儀礼と他界観

15：40　座談会　[“あの世”観に学ぶ]
司会　今尾文昭　　出席　講師全員

16：50　終了

目次

あの世への送金？
――現代沖縄の死生観

平井芽阿里（中部大学国際関係学部准教授）

ハジチは「あの世へ」のパスポート

まずご覧いただきたい写真があります。この写真は沖縄で撮影されたものです。明治一四年五月五日生まれの女性ですが、撮影された当時は一〇七歳で、沖縄県の県内最長寿者の方です（山城博明、２０２０年、11頁）。

この写真は一九八八年に撮影されたのですが、注目していただきたいのが、この方の手なのです。これはハジチといって、かつて沖縄の女性たちは七歳から一〇歳ぐらいの頃に、手に入墨を施したのです。針をたくさん束ねてひもで縛って、それで何千回も針で突く。非常に痛いものですが、一五三四年の記録や一六〇五年の史書にも出てきます。ハジチは主に指の背とか手の甲に施しますが、宮古島では膝あたりにも突くなど、模様は地域とか島ごとに違いがあったのです。

なぜこのようなことをしていたのかといいますと、これをしないと「ヤマトに連れていかれるから」。ヤマトというのは日本のことです。あるいは一人前の女性として認められたい、または結婚した女性の成人の証であるとか、装飾、習慣というようなことが言われています。でも、もう一つハジチには、とても深い意味が込められていたようです。それが「あの世」へのパスポートというものです。つまりハジチをしないと「あの世」へ行くことが難しいとか、「あの世」で浮かばれないという考えがあったということです。これを「後生思考」と言うのですが、あの世を意識して生きているということで、あの世を意識して、とても痛い思いをして針で手を突くということですね。

ハジチの模様を少し見てみたいのですが、皆さんお持ちの資料にいろいろなハジチの模様の意味が書いてあります。例えば、指先に細長く伸びるものは「槍の先」を意味しています。丸いものは「宝貝」とか「星」、または「海の生物」などを意味しています。

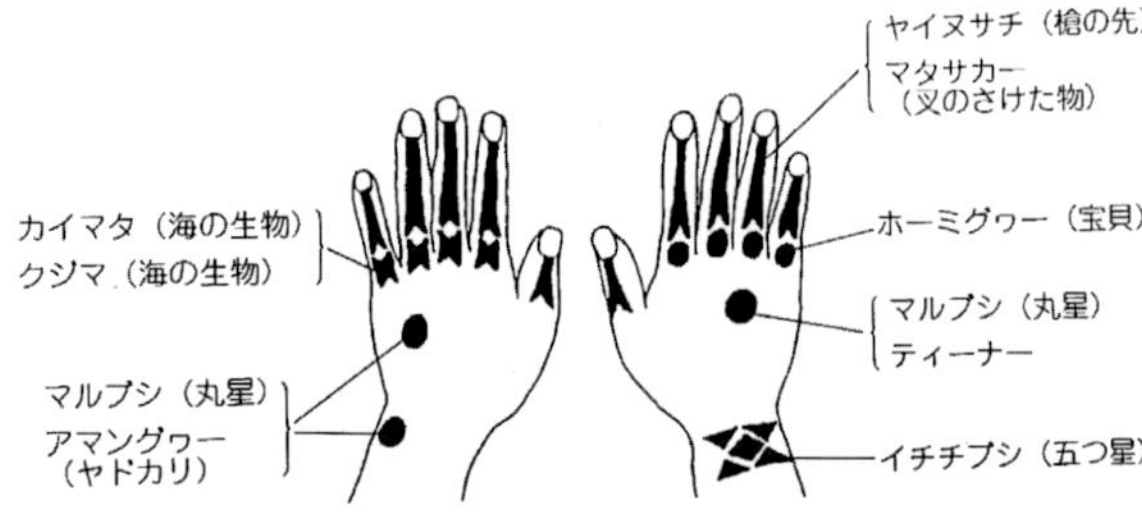

図1 ハジチの模様（右から沖縄本島首里、池間島、宮古島）
小原一夫『南島の入墨（針突）に就て』より引用（大藤他編 1999：325）

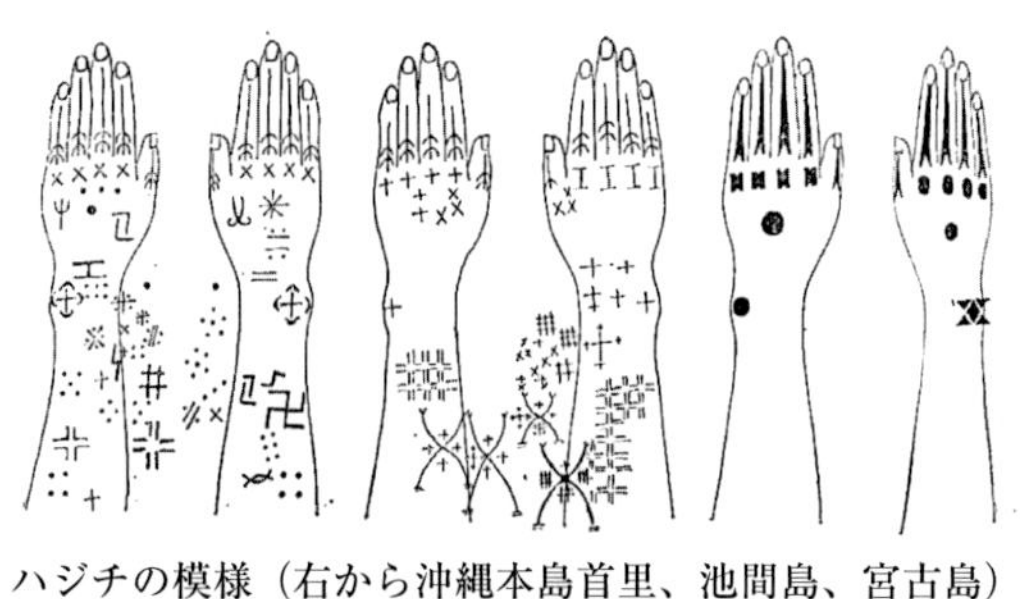

図2 沖縄本島のハジチの模様とよび名
名嘉真宜勝『沖縄の人生儀礼と墓』より引用（名嘉真 1999：23）

私は二〇年ぐらい沖縄県の宮古島で調査をしていて、実は専門は神様の研究です。死とかあの世の世界とは別の世界をずっと研究してきましたが、まだ二〇代の時に行った調査ではハジチをされている高齢者が結構いました。もうこの風習はないのですが、現在ではこのおばあちゃんたちの孫の世代の方々が、ファッションとかアートの一環としてハジチを入れるというようなこともしています。

今回は奄美、沖縄、宮古、八重山諸島を含む沖縄で、「あの世」がどのように意識されてきたのかを、様々な事例を取り上げながら考えていきたいと思います。

沖縄のさまざまな葬制―樹木葬

ではまず沖縄で死をどのように扱っていたのか、沖縄の葬制の話をしたいと思います。沖縄にはさまざまな葬制――どんなふうに死者を葬るか――があったのですが、例えば樹上葬というものは、死者を木の上にぶら下げる。あるいは岩の上に葬る、洞窟のなかに葬る、砂に埋めたり砂をかけるというような葬制があったことが分かっています。樹上葬では死者をどのようにぶら下げるかというと、担架のようなものを作って、それに乗せて、ひもで木にぶら下げる。なかなか大変なのですが、神様に仕える女性（沖縄には琉球王国時代に「ノロ」という女性がいます）、そうした人たちが地域を守り、国を守り、王様を守るという政教一致政策が行われていました。そういった役職にあった女性たちは亡くなると木にぶら下げました。あるいは異常な死とか、異常な人間（そういう表現が使われるのですけれど）、精神に少し支障があるような人。あとは自然死以外の人、自然死というのは家で亡くなること以外すべてなのですが、そのような人たちがこの樹上葬の対象となったと言われています。

このような死者を木にぶら下げる風習は、人間だけではなく猫も同じだったのです。なぜかというと、沖縄の言葉で言う「セジ」が高いからです。セジというのは何かというと、霊力や霊格を表す言葉です。「サー」とも言います。つまり霊能力のようなものと捉えるとわかりやすいかと思いますが、猫には霊感とか霊能力があるという考え方が奄美地方から沖縄まであるのです。例えば亡くなった方の遺体を猫がまたぐと生き返ってしまうとか、不吉な象徴として捉えられるようなこともあるのですが、それも猫がセジが高い生き物だからということがあります。

そのようなものは人間と同じ場所に祀るのではなく、少し高いところにぶら下げて祀る、なるべく地上から離れて高い場所に葬ろうとした考えが、樹上葬に表れたと言えます。このセジ、サーという言葉は、沖縄のいろいろな世界観を理解するのにとても重要になってきますので、また後で少し説明をします。

沖縄のさまざまな葬制―洗骨

次に、火葬と洗骨という風習について考えていきたいと思います。洗骨というのは、なかなか馴染みがないかも知れませんが、沖縄ではわりと一般的な概念です。学術的な定義では、埋葬あるいは風葬のあと数年をおいて遺骨を取り出し、水あるいは酒で洗い清める習俗とされています。洗骨は主婦たちの仕事、女性の仕事とされていて、これがなかなかの重労働なのですね。

まず風葬というのは亡くなった家族をお墓の前に寝かせて安置します。風にさらして、だんだん肉と骨が分かつまで置いておくのです。例えば、四十九日という節目、三年、一年の節目という決まった時期まで放置しておき、その間家族は何回も見に行きます。そろそろ肉と骨が分かれたかなとか、顔が家族だと認識できなくなるまで（それだけでも結構ショックが大きいと思いますが）、肉と骨が分かれるのを待つのです。そして洗骨というのは、基本的には腐敗しつつある死者の肉を洗い清めるという意味ではなく、肉と骨が完全に分かれた後の骨を洗うことと学術的には定義されています。実際に洗骨をされた経験者の方はまだたくさんいますし、一部の地域では今でも洗骨をする風習があるのですが、そうした方にお聞きすると、大量のウジ虫がわいていたとか、大量の蟻がたかっていたとか、ひどい臭いがしたというようなことを誰もがお話しされます。

洗骨の日にお墓に見に行って、まだ肉が骨から離れていない状態だと、この世に未練を残しているんだと考えて、何が不足だったのだろうかと家族が思い悩んでしまうということもあります。さらには、ミイラ化してしまう遺体もたまにあるそうで、そういった場合は、この人は生前悪事を働いたのだとみなす考え方もありました。そうした時には、家族が鎌で肉を切り刻んで、骨だけを取り上げなければならなかった。そんな大変な仕事だったものですから、洗骨で女性たちが一番心配していたのは、無事に白骨化してくれること。そうすると洗骨がスムーズにできますし、何よりきれいな骨は、それだけきれいにあの世に行けたという証である、そういう骨への考え方があります。

即祖霊化と火葬の広がり

これまでの話でもおわかりかと思いますが、生前の家族というよりは、遺体と骨と肉と向き合う作業、それが洗骨です。そんな中で沖縄にも火葬が広がってきます。それまでは埋葬したり風葬するのが一般的だったのですが、沖縄本島における火葬場の設置は大正時代といわれています。戦後初の設置は当時の名護町というところですが、全体的に普及していったのは一九六〇年代とされています。

沖縄本島の大宜味村に喜如嘉（きじょか）という名前の集落があります。そこの例を紹介しますと、当時火葬場を建設しようという話がきた時、女性たちは大賛成しました。もう洗骨をしなくてもいいなら大賛成である、と。でも男性や高齢の人たちはこれに反対しました。そこで火葬場設置運動が婦人会を中心に進められていくのですが、一九五一年一二月にようやく設置がかなうことになります。

女性たちの主張としては、骨と肉になってしまった家族の変貌であるとか、臭みやウジ虫、蟻などの苛酷な現状があることを必死に訴えたのです。あのグロテスクさを子や孫に伝えたくないと主張して、必死になって火葬場の建設を進めたのです。反対する方からは、一度死んでも辛いのにさらに焼かれるなんて信じられないという意見が出たり、獣ではないんだから人間を焼くなんて……という話が出ました。焼いて食べるのかと、そういった話もあったと言われています。

では、どうやって普及したのかというと、火葬第一号といわれる方がいまして、その方が焼かれた後の骨を見て、みんな驚愕したのです。なんと骨が白かったのですね。さらに骨が軽いということで、ちょっと変な言い方ですが、試しに焼いてみたらきれいだったから普及したということで、すごいスピードで普及していったという歴史があります。

どうして骨が白いと良いのかというと、これは骨の研究をされている藤井正雄先生の言葉なのですが、沖縄には即祖霊化、つまり骨が白いとすぐに家族を守護する祖霊になる、あの世で成仏して（仏教の言い方では成仏なのですが）、この世に未練なく子孫を守る存在、祖霊という存在になるという死生観があったからと言われています。洗骨だと骨は全然真っ白にはならないのです。肉が付着するので、茶色くて赤黒い骨になってしまいます。

つまり火葬普及の背景には、沖縄の人たちが思う骨の白さの実現があったということが言えます。また先ほども言いましたが、火葬後女性たちは骨の軽さにとても驚きました。骨というのはこんなに軽いものなんだということを、洗骨を経験された方だからこそ骨の重みを知っていたということがお話としてあります。

もう一つ、人間を焼くのは獣を焼くのと同じではないかという考えに対してとった対応が、人間の遺体はきちんと棺のまま入れて蓋をする、獣にはそういうことをしないから人間としての尊厳を守ったと地域住民を納得させ、火葬が広まったと言われています。

あの世とこの世をつなぐ「ユタ」

沖縄の「あの世」について考える時、欠かせない存在がいます。それが「ユタ」と呼ばれる人たちです。このユタは、ある特定の人々を呼ぶ時の名前なのですが、学術的な定義を先に紹介すると、南西諸島地域においてトランス状態、変性意識状態で託宣、卜占祈願、治療などを行う民間巫女と言われる方々です。わかりやすく言いますと、霊能力があってあの世とこの世をつなぐことができる人。神様や仏様と言われるような存在と会話をすることができて、それをこの世の人間に伝えることができる人。霊力があるからそういうことができると信じられているのですが、その霊力を使って依頼者の依頼に応えます。それは例えば、未来のことを知りたいとか、この人と結婚するので相性をみてほしいとか、最近よくないことが続くのでお祈りをしてほしい、お祓いをしてほしい。体調が悪くて病院に行ってもなかなか治らない、原因もわからないので治してほしい、というような依頼者が行きます。

民間巫女と書いてあるのは、女性がとても多いからですね。ただ男性もいます。日本では東北の「イタコ」とよく比較されますが、そういった存在をシャーマンと言います。霊能者とかシャーマン、そういう存在と同じです。

ユタになる人には共通の過程があって、それを成巫過程と言っています。沖縄に「サーダカウマリ」という言葉があるのですが、この「サー」というのはさっきお話しした「セジ」＝霊力のことで、つまり霊力が高く生まれてくる人という意味なのです。サーダカウマリというのは病弱という意味も含んでいて、ユタになる方は生まれながらに病弱で霊感があります。小さい時に「近所のおばさん、もうすぐ死んじゃうと思うよ」とお母さんに言って、そんなこと言っちゃいけませんと怒られたとか、学校に行くとやっぱり霊が見えるけれど友だちには言えなかったとか、そういう霊感があって体が弱くていつも熱を出していた、というのがまず最初の条件です。

次にあるのが「カミダーリィ」というものです。これは症状の名前で、沖縄の病院では「あなたはカミダーリィです」と病名として診断に使われることもあるのです。これは神が祟るとか、神が乗ってだるいというような意味があって、多くの人は二〇代の前半頃に突然夢や日常生活に神様が現れます。例えば大学で授業を受けている時に、急に神様が目の前に立ち現れて、「お前はユタにならなければいけないんだよ」というようなことを言う。本人にははっきりと見えているのですけれど、もちろん周りの人には見えないので「あの人、ちょっとおかしくなってしまった」と見られるようなこともあります。

神様が出現してユタになるように諭(さと)すのですが、ほとんどの人が断るのですね。しかし、断ると原因不明の病気になって死にかけるような事故やケガをしたりとか、それでもユタにならないと家族に不幸が起こって次々と子どもを亡くす人が多く、離婚率も非常に高い。では、どうして神様が現れてもユタにすぐならないのかと言うと、ユタの人たちは長年禁圧されてきた歴史があり、人を惑わす存在として王府から禁止令が出たりしました。そういったことがあるので、実は沖縄ではユタの方は自分でユタとは言いません。テレビでよくユタの方が出てきて占いなどをされていますけれど、ユタという言葉には侮蔑とか差別のニュアンスがあるので、本人の前ではユタ、ユタってあまり呼ばないのですね。ユタになる方にとっても、ユタのイメージがすごく暗いですし、カミダーリィも、ちゃんと神様の仕事をしていればいいのですが、ちょっとさぼったりとか、修行を怠ったりするとまた再発してしまう。そういった意味でもイメージはとても暗く、なりたがらないのです。それでまた神頼みになるという悪循環もあります。セジという霊力が高いと、よく当たる人気のユタになるという、そういう存在がユタと呼ばれる人たちです。

魂を処理する仕事

では、ユタと呼ばれる人たちがどのようにあの世と関連するのか。ユタは魂処理のエキスパートなのです。ユタは、今は占いをしたり原因不明の病気を治したり、また先祖とか神仏とのやりとりをするというふうに説明しましたが、もう一つ大事な仕事があって、それが魂を処理することです。どういうことかと言うと、沖縄では人間の体にはたくさんの魂があるという概念があって、霊魂観と言いますが、だいたい三つから七つぐらい魂が宿っているという考え方があります。日本人の多くの人が魂はあると思っています。魂が自分の体を動かしていて、亡くなるとその魂があの世に行くというふうに考えていますが、世界には魂はないと考える方もいます。沖縄の特徴は魂は落とすことがあるということです。

どういう時に落とすかというと、驚くと落としてしまうのですね。交通事故に遭いそうになってヒヤッとした瞬間、何か大事な時にミスをしてヒヤリとするあの瞬間に、一つ魂を落としてしまうと考えます。魂を落としてしまうと、ずっとぼーっとしてしまったりとか、何か集中できないとか、ふわふわしたりとか、そういうような状態が続き、あとは病気が治らないということもあります。

魂が全部落ちて永遠に体に戻らない状態を死と言うのですけれど、この魂のことを「マブイ」と沖縄では言います。沖縄ではと言っても、実は沖縄本島の「琉球方言では」というのが正確で、宮古島や八重山諸島の島々では、琉球方言と南琉球方言で言語体系が違うので、「タマス」と言います。そして「マブイグミ」というのは何かというと、落とした魂を体に戻すこと。マブイを込め直すことです。マブイグミというのは、現代の沖縄でも日常的にわりと行われています。年配の女性が自分で家で行うこともあるのですが、多くは専門家であるユタに頼みます。なぜなら違う魂を拾ってきて入れてしまうと危険であるという、そういう魂への明確な考え方があるからです。

また「マブイワカシ」と言って、亡くなった人が死後三日たった後にユタのところに行き、言い残した言葉をユタが代わりに伝えます。一般的にはユタに死者の霊が乗り移って、家族に直接別れを告げるのです。

ユタは沖縄では全然信じていないという人もいますし、頻繁にユタのところへ行く人もいます。ある男性の話では、男性はユタのことは全く信じていなくて六〇代ぐらいになったのですが、お母さんが亡くなられてマブイワカシを家族がしないといけなくなり、いやいやしたそうです。その時、ユタの方は「ヌンフスクはない」と言ったのです。「ヌンフスクはない」とは「何も不足はない」ということです。その後に「指輪を入れてくれてありがとう」と言ったそうです。実はお母さんが亡くなられた時、ずっと気に入っていた金の指輪があって、家族はそれは外しておこうと言ったのですけれど、でもやっぱりお母さんに持たせてあげようということで、その人がはめたまま棺に入れて火葬したのです。そのことを知っているのは自分しかいなかったので、ユタの口から指輪をありがとうと言われて、ああユタって本当に当たるんだと思った、と話されていました。

それがマブイワカシで、「ヌジファ」というのは魂を抜くという意味です。ヌジは「脱ぐ」とか「抜く」ということです。亡くなった方は家で亡くなればいいのですが、病院とか事故現場とかで亡くなってしまうと、そこに魂が残ってしまうという考え方があって、そこからちゃんと魂を抜き取ってあの世に届けないといけないのです。とくに沖縄では海で亡くなる方が多くて、必ず海から魂を引き揚げてあの世に送らないと、そこにずっと留まってしまうという考え方があります。そういった時は、ユタに依頼をして「ヌジファお願いします」と言って、してもらいます。ただ現代では、マブイワカシという死者の声を聞くのはだんだん少なくなってきています。

ちなみに皆さん魂ってどんな形だと思いますか。日本人は頭があって尻尾がついてるようなイメージがあるかもしれないですが、ユタの方によると魂は、例えば私だと、私そのままの形をして落ちているそうです。それをつかんで体に入れるのですけど、押し込むとちゃんとカチっとはまる場所があるのですね。だから想像したのですけど、私の形をした魂が七つ層になって入ってる、そんな感じなのでしょうか。でも気になるのは、愛知県の人が魂を落とした時にはどうすればいいのか。もしかしたら落ちてるかもしれないですよ。よく大学の授業で学生さんたちがぼーっとしているので心配しています。もし魂を落としたかもと思ったら、「マブヤー、マブヤー」という呪文を唱えながら手招きをすると、ちゃんと自分で歩いて体に戻るそうですから、よかったら試してみてください。

話を戻すと、マブイワカシが最近少なくなってきてしまったのですが、それは何故なのかというと、かつて死者との別れを担当していたのはユタだったのですが、実は現在は僧侶、お坊さんなのです。現代沖縄ということで考えてみますと、僧侶がそれを代行するようになっています。沖縄に火葬場が広がって葬儀業者も次々入ってくると、家で行っていた葬式を葬儀場で行うようになり、内地式といいますが、私たちのようにお寺に頼むということが増えてきます。

宮古島のある地域の例ですが、法事の時にはお坊さんを呼びます。愛知県出身の私が三回忌とか法要の時にイメージするお坊さんとはまた全然違って、霊感があるようなことをおっしゃるのです。例えば、ある家庭で供養に参加した際に、「あっ大変だ、おとう（お父さん）が溺れてるよ」、今溺れてすごく苦しんでいるというようなことを突然言い出すのです。これは宮古島などではわりと一般的で、どういうことか後でお尋ねしたら、この世の人間が悲しんで家族がすごく泣いているから、あの世のおとうが溺れていたのが見えたということでした。そういうふうにイメージしているのではなく、「見えた」というのは霊感があるのです。もしかしたら、お坊さんでありながらユタであると言えるのではないか。

今はユタっぽいけどユタなのかなという人がとても増えていて、「ヒーラー」「チャネラー」という言葉がありますが、ユタだけどすごくスピリチュアルなことをやりたい。ユタなんだけどお坊さんぽいとか、お坊さんだけどユタなのかなという交ざった人たちがたくさんいて、そのような人を「ユタの境界を生きる人々」と私の研究では定義しています。そういった人たちのあの世の考え方にもまた影響を受けて、現代沖縄のあの世観というのが変わりつつあるとも言えます。

沖縄の「あの世」観──ニライ・カナイとウタキ

では、沖縄の「あの世」はどうイメージされているのかを説明したいと思います。沖縄では「あの世」は、人間が住む世界と対比される「他界」、別の世界とイメージされていて、海の彼方に広がっていると考えます。そのもう一つの世界のことを「ニライ・カナイ」と言います。

ニライ・カナイとわざわざ真ん中に点（・）を入れるのは、これが対比語だからです。「ニライ」に対して「カナイ」というような言葉なのです。日本でもあの世のことを根の国と言いますが、「海の彼方にある根の国」という意味です。さっき骨が白いと即祖霊化するという話をしましたが、ニライ・カナイには祖霊、つまり祖先が神となった存在であるとか、亡くなった人もいますし、さらに神様もそこにいて、あの世なのですけど全部が一緒にいると考えられているのです。さらには幸福や豊穣をもたらすセジ（霊力）が湧き出てくる場所であり、海の彼方の楽土であるというさまざまな想念が重なり合っていると説明されます。ただ沖縄のあの世と言えばニライ・カナイというふうに言われるのですが、これはあくまで観念として存在するもので、例えば二〇代、三〇代の人たちが死んだらニライ・カナイに行くんだとは全くイメージしていないのですね。さらに、島ごとにもあの世観に差があります。ちょっとここで、ある地域の例を紹介します。

沖縄には各地に「ウタキ」という森が点在しています。それは神様が住む森のことで、入口がどこかわからなかったり、森が生い茂っていてそこが神様の聖地だということもあります。でも神社と全く同じように鳥居があって祠があって、参道があるという場所も増えています。ただその「ウタキ」と神社の違いは、自由に入ってはいけないのです。神社は、夜はあまり行かない方がいいという場所がありますけど、一応いつでも自分が行きたい時に予約なしで行くことができる。一方、ウタキには基本的に入ってはいけません。世界遺産であるとか観光地は入ってもいいのですが、基本的には自由な立ち入りを禁止している場所で、何故かと言うと地元の方が守っている聖地だからなのです。ウタキは漢字で「御嶽」と書きます。御嶽（おんたけ）山の御嶽ですね。御嶽の嶽の字は森を意味するので、尊い森という意味があります。

私は沖縄県の宮古島の西原（にしはら）という地域で、二〇年ぐらい神様の研究をしてきました。その地域では死んだあとどこに行くかというと、ウタキに帰ると皆さん考えています。この西原という地域では、生まれた子を特定のウタキに登録するのです。ウタキは一七カ所あります。御嶽の中に集落があるので、まるで外側から守られて中で生活しているような集落構造があるのですが、まず子どもが生まれるとその子の名前を紙に書いて、お酒とお米を供え、神様に生まれましたと報告します。そのウタキには帳簿の神様というのがいるのですけど、神様がその帳簿に生まれた子どもの名前を書くと、そのウタキに自動的に登録されるということです。それとはまた別に、くじ引きをします。生まれた子にくじ引きをするのですが、地域のウタキに祀られている神様の名前を一〇個ぐらい書いてくじ引きをして、そこで落ちた神様の名前をその子につける。それは本名とは別の「神名」というものなのですが、神名をもらうと守護神になるので、死んだ後はその神様のいるウタキに帰るという考え方があります。

ですから、車でそのウタキの横を通ると、「ああ、おじい元気にしてるかな」という感覚でいるのです。亡くなった家族がここにいるというのは、すごく安心なのですね。逆にお墓にいるという感覚はなく、ウタキにいて自分を守ってくれていると考えます。

「ウチカビ」はあの世のお金

今年の四月から一〇月までに、沖縄返還五〇周年を記念して「ちむどんどん」というドラマがＮＨＫの連続テレビ小説で放映されていました。ご覧になっていた方もいるかもしれません。オープニングに、あの世と深い関係のあるシーンが出てきます。

お分かりになりましたか。何かを燃やしています。刻印が押されたようなもので、それを燃やしてさらに祈りを捧げています。で、火の粉が天に上がっていきます。これを沖縄の方が見ると、すぐあの世と関わりがあるとわかるのです。そこで、このドラマのいろいろなシーンを引用して、あの世について見ていきたいと思います。

まず仏壇ですけど、仏壇の写真とかお墓の写真は、あまり撮影して見せてはいけないと沖縄では信じられていて、祟りがあるという方もいます。ここにあるのは黄色い紙の束なのですが、これをタライに入れて燃やします。火を点けてたくさん燃やします。どこで燃やすのかというと、沖縄のお墓の前で燃やすのです。

これはお墓です。ちょっと説明すると、ドラマの演出で使われたのは洞窟型です。石で蓋をしてあります。洗骨の時はそこの石を取って、骨を取り出して洗います。他にも沖縄では家型墓というお墓があります。家のような形をしたお墓で、最近では入口にシーサーを飾るのが流行っています。伝統的なお墓の形としては亀甲墓といって、亀の甲羅のようなお墓があるのですが、女性の子宮を表していると言われています。

では、先ほどの黄色い紙が何なのかというと「紙銭（しせん）」と呼ぶものです。紙の銭ですね。一〇〇枚とか二〇〇枚ぐらいの束で一〇〇円くらいで売っています。紙銭の起源は、五～六世紀頃の中国にあると言われています。人が亡くなると燃やすものなのですが、中国では四世紀頃、人が亡くなると実際のお金を棺に入れていたそうなのです。でも、そうすると墓泥棒が後を絶たなくて、棺をこじ開ける人が多かったので、紙のお金に代えたのが始まりと言われています。これは燃やせば燃やすほどあの世の先祖のお小遣いになる、つまりあの世で現金として通用すると考えられているのです。ここが大事なポイントですけれど、あの世も資本主義ということです。あの世もお金がいるというのはちょっと気になりますが、あの世で現金として通用するからといってこの世の人間がたくさん燃やすと、この世の人間が破産してしまうので、あまり多く燃やしてはいけないと言われています。

ウチカビ（紙銭）

この風習は政府から何度も禁止令が出ています。まず一つは中国で、人々があまりに大量に燃やしてしまうので、破産してしまうことを恐れた政府が経済的側面から一度禁止しています。その後は、ダイオキシンが発生するんじゃないかということで再度禁止されます。中国の人はやめる気配もなく現在でも燃やされています。沖縄でもそれが同じように伝わっていて、「ウチカビ」と言います。刻印をされているので「打つ紙」という意味です。この風習はマレーシア、インドネシア、東南アジアに住む華人が広めたので、今ではけっこう世界中で見られます。沖縄ではスーパーやコンビニ、ホームセンターに必ず売っています。ただ買って帰ってはいけません。すごく不吉なので、買って帰ると飛行機が落ちるよと売店の方に言われ、私は一度も買ったことがありません。「ウチカビ」はあの世で現金として通用するので、お盆の時に家で御先祖送りの時に燃やしたり、お墓の前で燃やしたり、あとは神様にお祈りに行った時ウタキでも燃やします。

中国から沖縄に伝わったものですから、中国では今も使っているのかと調べてみました。江蘇省の南京市は大都会で、人口が九〇〇万人以上です。私は二か月ぐらい南京で仕事をしていたことがあったのですが、たくさんの紙銭が売られていました。沖縄とそっくりなものもたくさんありました。お寺の近くで必ず売っていて、面白いのにこういうものがあります。紙にあの世で必要なものが全部書かれています。そうすると、あの世がどんな国なのか、どんな世界なのかが見えてくる。

例えば、あの世ではテレビが必要で、上の方には古い携帯電話、傘があるということは雨が降るのかもしれません。靴とか服とか櫛などの装飾品も書かれています。これを燃やすと、一気に物や現金をあの世に送金というか、送ることができる。また、中国の昔のお金をかたどったものもあります。これは元宝（ユエンバオ）というものですが、そうするとこれを買う人はあの世は古代のままだと思っている可能性があります。いや、あの世はもう現代社会と一緒だと考える人は現代の通貨を、さらに銀聯カードというクレジットカードも燃やしてしまえば一枚で済むんじゃないかと。確かに環境には優しいかもしれませんが、そういったものもあります。いやアメリカではドルだと考える家庭は、ドルを買ってちゃんと燃やします。紙に「冥界銀行」と銀行名が書かれているので、もし皆さんいつか中国行かれる際は参考になさってください。あの世では、やっぱり家が必要だということで、紙で三階建て、四階建てのマンションをつくってそれを燃やしたりとか、あとはロールスロイス、ロレックスの腕時計、セーターとか高級ブランドを真似したようないろいろなものがあります。

中国では個人個人がそれぞれのあの世観を持っているということもあるのですが、なぜ中国の話をするかというと、今沖縄のウチカビをお金と同じ紙にするとか、中国と同じような流れが実は出てきています。それも沖縄全部が同じということではなく、あの世は古代のままだと考える人もいれば、あの世は未来型だとか、そういったところに非常によくあの世観というのが見えてきます。今日は、沖縄のあの世についてさまざまな角度から考えてきましたが、そう考えるとあの世というのは現代社会でも意識されているというのがまず重要です。「あるもの」として認識されていることが非常に重要な点であるのではないかと思います。

それでは皆さん「たんでぃがーたんでぃ」。宮古島の方言でありがとうございましたという意味です。ご清聴ありがとうございました。

参考文献

大藤時彦他編 1971『沖縄文化論叢 第二巻 民俗編Ⅰ』平凡社
尾崎彩子 1996「洗骨から火葬への移行にみられる死生観 沖縄県国頭郡大宜味村字喜如嘉の事例より」『日本民俗学』207 日本民俗学会
加藤正春 2010『奄美沖縄の火葬と葬墓制 変容と持続』榕樹書林
窪徳忠 1990『目でみる沖縄の民俗とそのルーツ』沖縄出版
酒井卯作 1987『琉球列島における死霊祭祀の構造』第一書房
桜井徳太郎 1973『沖縄のシャマニズム』弘文堂
名嘉真宜勝 1999『沖縄の人生儀礼と墓』沖縄文化社
仲松弥秀 1990『神と村』梟社
平井芽阿里 2020『ユタの境界を生きる人々 現代沖縄のシャーマニズムを再考する』創元社

平井芽阿里　２０２２「現代沖縄のユタ　ユタの境界を生きる人びとへのまなざし」『季刊民族学』１８１公益財団法人千里文化財団
外間守善　１９９９『海を渡る神々─死と再生の原郷信仰』角川書店
外間守善［校注］２０００『おもろさうし（上）』岩波書店
柳田國男「竜王と水の神」１９８９『柳田國男全集』１　筑摩書房
柳田國男「海上の道」１９９０『柳田國男全集』10　筑摩書房
山城博明写真、波平勇夫解説　２０２０『【新版】琉球の記憶　針突』高文研
渡邊欣雄ほか編　２００８『沖縄民俗辞典』吉川弘文館

葬所としての古墳

――河内黒姫山古墳と比自支和気（ひじきわけ）・遊部伝承から考える

穂積裕昌（三重県埋蔵文化財センター）

古墳からさぐる古代の死生観

今回私は「葬所としての古墳」のことをお話しします。なぜわざわざ「葬所として」としたのかというと、古墳とは古墳時代の有力者のお墓のことを言うわけですが、どうも日本の考古学、とくに戦後日本の考古学におきましては、死生観のような方向性があまり議論されてこなかったという経緯があります。

例えば、大阪大学の福永伸哉先生から「倭（ヤマト）王権が政治的主導権を維持、発展させていく目的で創出した政治手段としての墳墓記念物」という考え方が出されています。古墳時代研究、とくに戦後の古墳時代研究の大きな部分は、倭王権との関係性に落とし込むことが研究の一つの流行りなのです。これは現在も続いています。

地域という観点から見てみましょう。例えば、新潟県で珍しい鏡が出土した。それは奈良県や大阪府では出たことがない鏡です。でも、なぜか新聞に載ると、若い頃に大和王権に出仕して手柄を立て、大和や奈良・大阪ではまだ出ていないその鏡をもらって、地元である新潟に帰り、死ぬとき古墳に一緒に葬った――ということが書かれたりします。これは実際に新潟県胎内市の城の山古墳から鏡が出土したときの新聞に載った記事なのです。九州では類品が出ているのに、なぜか必ず倭王権との関係性に落とし込む。とにかく倭王権との関係性を語る。最近の若い研究者の方でも、そういったことを言われます。

古墳は墓である以上、こういう考え方は非常に大事ではあります。日本国家の成り立ちを調べる上で非常に有効な手段ではあるのですが、それだけでは抜け落ちてしまうものがあるのではないか。それが本日のテーマということになります。

では、まず埴輪について考えてみます。これは三重県伊賀市にある石山古墳です。一二〇メートルの前方後円墳で後円部にある三つの埋葬施設の上はこのように形象埴輪と円筒埴輪による二重の列ができています。このうちの形象埴輪は盾とか甲冑、靫（ゆぎ）（矢筒）などの武具を模した埴輪です。そうした埴輪がたくさん出ていて、悪霊を排除するため、寄ってこないように表面を外側に向けて置かれていたということが発掘調査によって示されています。この石山古墳は、戦後すぐ三年間ぐらいにわたって京都大学が発

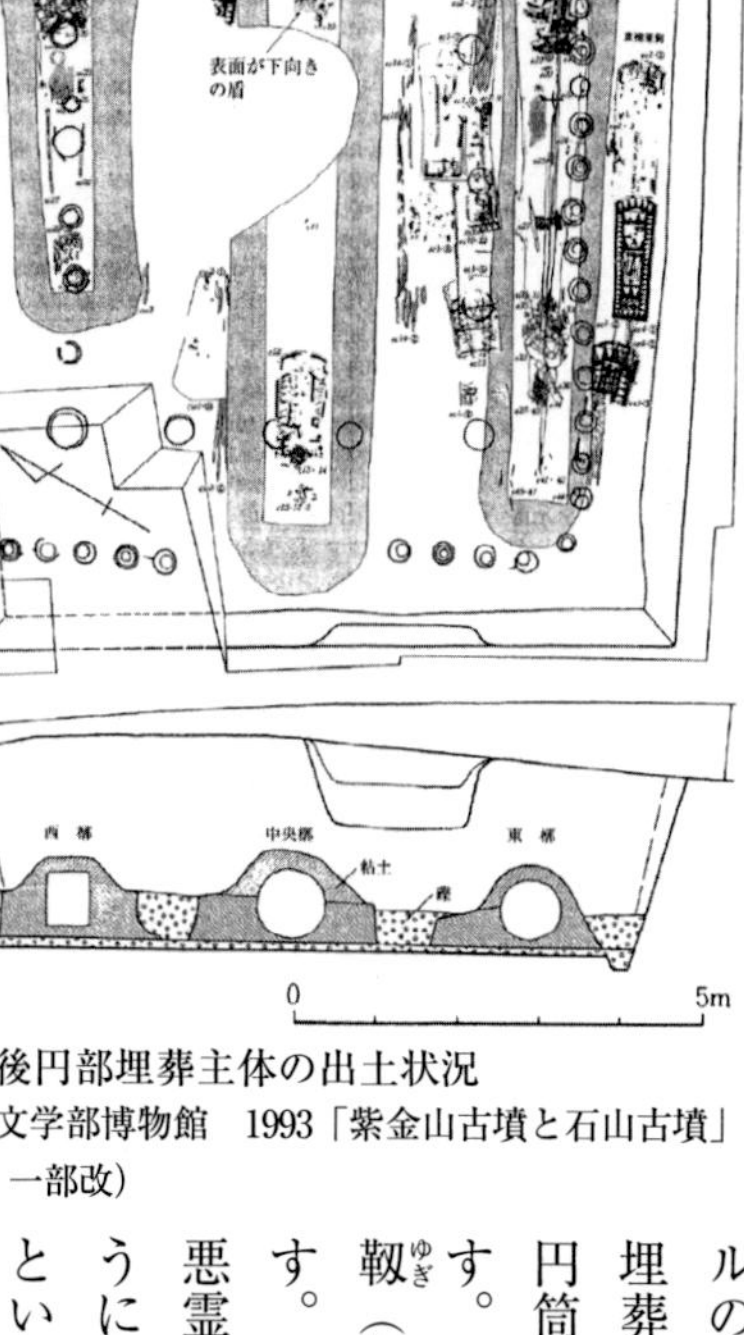

石山古墳後円部埋葬主体の出土状況
（京都大学文学部博物館　1993「紫金山古墳と石山古墳」から転載、一部改）

掘調査し、資料は現在京都大学にあります。

この石山古墳の事例が示すように、一般的に埴輪にはいろいろな役割があります。埴輪は古墳に立てて飾るわけですが、外部から悪霊などがやってくるのを排除するというのも一つの役割です。また、そうした機能についての考え方とは別に、細かい作り方の違いに着目して、これは大和の地域のどのあたりの作り方と似ているというような研究もされます。倭王権との関係に落とし込み、これは倭王権の最新の家形埴輪とか器財形埴輪の特徴をリアルタイムで持ってきているというような評価もされます。しかし、そういった方向とは別の考え方ができないだろうか。そのときに、非常に興味ある事例というのがこちらです。

これは大阪府堺市の河内黒姫山古墳といいます。この東海学シンポジウムの前身である春日井シンポジウムを二〇年間にわたって牽引してこられた森浩一先生が、大学生時代に高校生たちと一緒に発掘調査をした古墳です。ここでは墳丘を二重の円筒埴輪列が巡っています。造出しにも埴輪列があります。それから前方部の竪穴式石室には二四領、一つの古墳から出土した甲冑の数としては最多の数がここに集中して埋納されています。河内黒姫山古墳はちょうど古市古墳群と百舌鳥古墳群の間にあって、多量の甲冑を副葬していたということから、倭王権が朝鮮半島などに進出したり、関係を取り結んでいたときの軍事的な指揮官の墓だろうと言われております。

このように河内黒姫山古墳では、後円部に埋葬して、周りには器財形埴輪、盾とか甲などの武具の埴輪が取り囲んでいました。残念ながら盗掘をされていたので、この中の埋葬施設の詳細はわからないのですが、それらの埴輪は被葬者を囲む状況で置かれていました。それからもう一つ、後円部と前方部の間、ここにも盾形埴輪の列がありました。

通常、石山古墳の発掘調査のように、盾や甲冑、靫など埴輪に表裏がある形象埴輪は、表面を外側に向けて立てられたと考えられています。ところが、レジュメに示したように、森先生はこの発掘調査において非常に重要な提言と観察をされています。その観察というのは、盾とか甲冑とか、そういう表裏がある形の埴輪はすべて表面を埋葬施設、つまり被葬者の側に向けて立てられていた。それから前方部と後円部の間に立てられていた盾形埴輪の盾の表面もすべて埋葬施設の方を向けて立てられていたと観察されています。これが埴輪研究をされている方にはほとんど引用されていないのです。しかし、この御指摘は非常に重要な観察で、埴輪とは何なのか、あるいは古墳とは何なのかを考える上で重要なものであると考えます。

河内黒姫山古墳後円部墳頂の埴輪配置
（穂積裕昌『船形埴輪と古代の喪葬　宝塚一号墳』新泉社　より転載。原図は、森浩一 1953『河内黒姫山古墳の研究』大阪府教育委員会より作成）

ちなみに、前方部の竪穴式石室の中には非常に大量の甲冑が埋納されていましたが、前方部の竪穴式石室には人の埋葬はありません。甲冑、いわゆる副葬品だけが大量に埋納されていたわけです。黒姫山古墳の場は、この前方部の上には埴輪は巡っていませんでした。埴輪はあくまで人が葬られているところを中心に巡っていたことを森先生は提言されています。これはどういうことを意味するのか、最後に結論として出していきたいと思います。

被葬者に向けて置かれた副葬品

埴輪などは、古墳の外から悪霊が寄ってくるのを阻止するかのように外側に向けられていると、一般的に今でもそのように考えられていることが多いと思います。

堺市美原町に黒姫山古墳の展示施設があります。ここでは、報告書の記載とは逆に埴輪表面を外に向けて復元展示されています。一方、最近、美原出身で鹿児島大学の橋本達也さんが黒姫山古墳の本を出されたのですが、橋本さんの本では後円部の器財埴輪の表面は内側に向けて樹立されていたように復元されています。今後、黒姫山古墳の埴輪配置は、展示や論文で扱われる場合、森先生の観察通り内側（被葬者側）に向けて樹立されたように扱われていくと考えています。

さて、石山古墳では、後円部の形象埴輪は黒姫山古墳と違って、外側に表面を向けて樹立されていたとされています。外側から寄りついてくる悪霊を排除するというように見えます。石山古墳にも非常に重要なことが京都大学の『紫金山古墳と石山古墳』という展示図録の中に書いてありました。どういうことかというと、石山古墳には後円部、つまり遺体を葬る三つの棺があります。それぞれに一人ずつ埋葬されていたのですが、一番中心となるのは中央槨です。中央槨には革盾が置かれていました。革盾は伏せられていたのですが、琉球諸島に産する水字貝という貝を模した呪具（非常に呪的効果の強いとされている）を表面に付けた革盾が出ているのです。中央槨のところから出てくる巴形銅器、革盾の表面に付ける模様が巴形、貝に由来する呪具ですね、それは裏向きで出土した。ひっくり返って出土したと書かれています。そこは盗掘のないところですので、基本的には埋葬当時のものです。どういうことかというと、巴形銅器が裏向きということは伏せて、つまり革盾は遺体に向けて伏せられていたということです。先ほどの黒姫山古墳の埴輪と通底する内容です。埴輪でなく実際の革盾が遺体に向けられていたということになります。

次に大阪府和泉市の和泉黄金塚古墳。これは景初三年銘の画文帯神獣鏡が出てきたことで非常に有名なところです。中央槨と東槨と西槨と、ここも同じように三槨で、先ほどの石山古墳と同様の三棺がある。これにも巴形銅器が革盾に付けられていた事例が確認されています。確実に革盾に付いていたとわかる事例としては、石山古墳とこの和泉黄金塚古墳のケースが代表ですが、現在ではそれ以外にも巴形銅器付の革盾は発見されています。

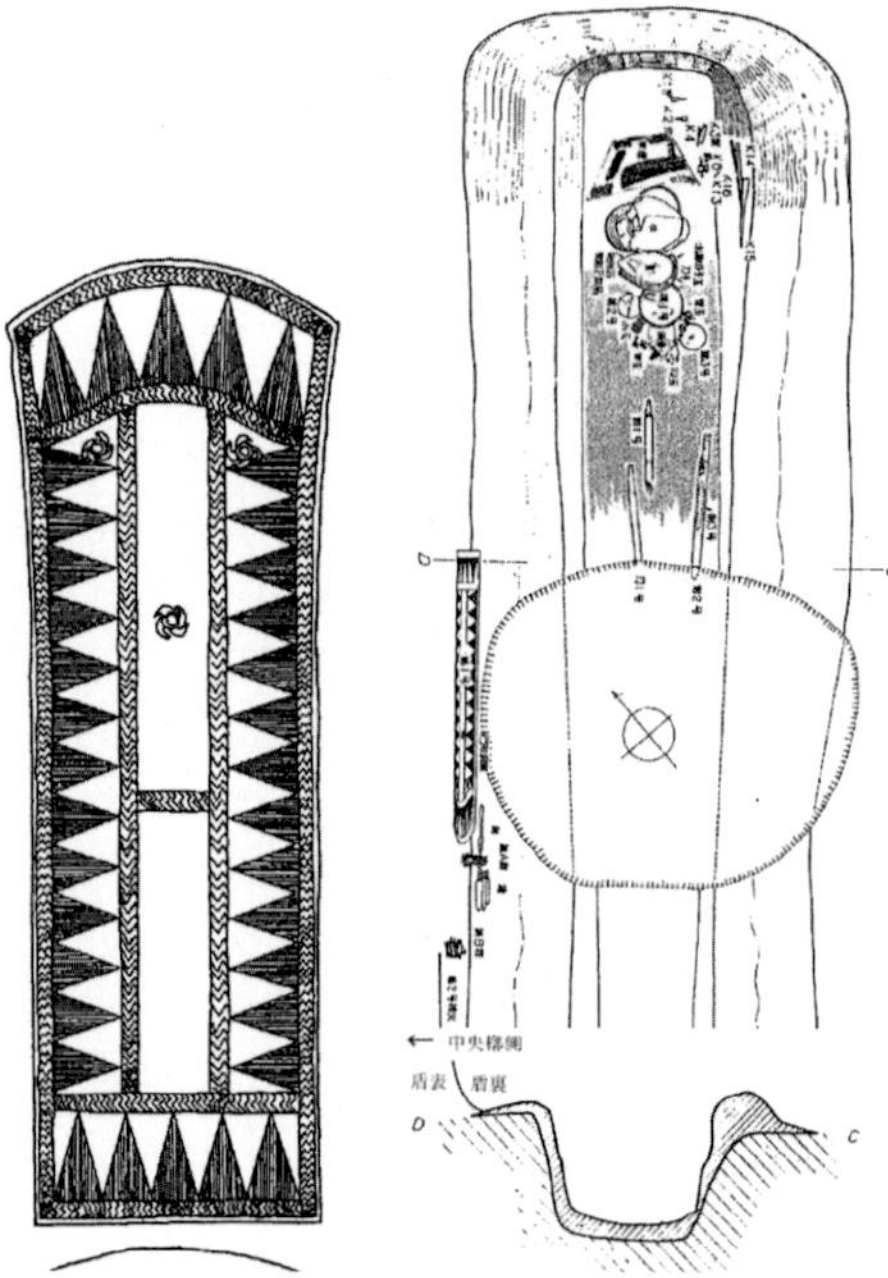

和泉黄金塚古墳東槨出土状況と中央槨に向けて立てられた盾
（末永雅雄・島田暁・森浩一 1954『和泉黄金塚古墳』日本考古学協会より転載）

和泉黄金塚古墳の場合は、東槨の縁に立てかけられていました。付図で示したような形で立てていた。東槨の発掘を担当したのは森浩一先生です。末永雅雄先生が調査の主任で、島田暁さんら何人かの方が発掘をされています。

東槨を担当した森浩一先生は、革盾は表面を中央槨に向け何らかの呪的な防御として立てられていたのではないかと観察し、報告をされています。先ほどの河内黒姫山古墳の器財埴輪、それから石山古墳中央槨の革盾、それから和泉黄金塚古墳の東槨の革盾、いずれもなんらかの呪的な効果を期待して被葬者を守るということがうかがわれます。そういったものが、盾形埴輪などの器財埴輪や革盾の置き方からわかるということです。

同じように京都府の鳥居前古墳や奈良県の東大寺山古墳でも巴形銅器が出ています。「裏向きで出土」と報告書に書かれている例もいくつかあります。そのうち鳥居前古墳は、被葬者の埋葬のあたりに巴形銅器が三個ほどまとまって出ていて、これは革盾に取り付けられていたのではないかということも報告書で書かれています。この事例も裏向きで出たということであれば、被葬者に対して革盾の表面を向け、被葬者の上あるいは棺の上に革盾を置いていた。被葬者に向けて置いていたということになろうかと思います。

一方、京都府城陽市の久津川車塚古墳。こちらは遺体の周りを刀で囲み、それから銅鏡が、鏡の表面を下に向けて置かれていたということが、遺物配置として記録されています。鏡の場合、モノを遷す鏡面が表、文様が施される面が裏面となります。この場合も、鏡の表面を下、つまり遺体に向けて置かれていたということになります。

こういう埋葬の事実は何を示すのか、いくつかの考え方があります。例えば広瀬和雄先生は、古墳というものは「亡き首長がカミになって共同体を守護するとの共同幻想が前方後円墳を生み出した。すなわち、前方後円墳は死んだ首長がカミとなって再生するための舞台装置」であるとおっしゃっています（二〇〇三『前方後円墳国家』角川選書）。同様に早稲田大学におられた車崎正彦先生

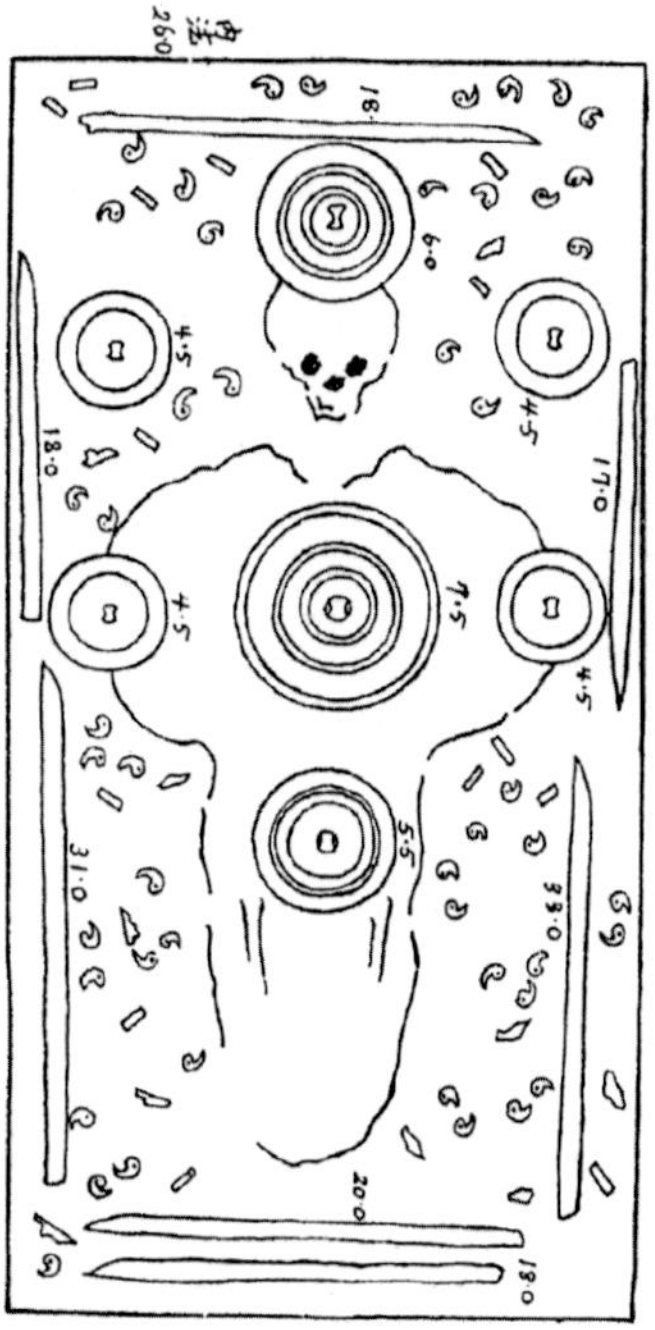

は、「前方後円墳という壺形に象徴された母なる大地の胎内に回帰した死者は、やがて祖霊として再生」と書いておられます（二〇〇〇『古墳祭祀と祖霊観念』『考古学研究』47―2）。前方後円墳で死者が神や祖霊として再生するという考え方は、大嘗祭の寝座において天皇霊の継承が行われたと考えた折口信夫さん（「大嘗祭の本義」という論文があります）、その考え方と非常に似ています。

久津川車塚古墳石棺の遺物配置
（梅原末治　1920『久津川古墳研究』水木十五堂より転載）

前方後円墳は首長霊継承儀礼の場？

折口信夫さんは歌人（釈迢空）、国文学者であり民俗学者です。折口信夫さんが考えたのは、天皇というのはもともと天皇霊という魂があって、その天皇霊を前の天皇から次の天皇に受霊、つまり送ることによって天皇というカリスマの地位が獲得・継承されるということです。これが「大嘗祭の本義」という論文です。戦前に出たものですが、昭和天皇の大嘗祭のころまで天皇霊の継承という考え方が、学会の一つの通説的位置にありました。ところが、文献からはそういった事実は全く認められないと、國學院大学の岡田荘司先生が痛烈に反論をされた。それ以外にも三重大学におられた岡田精司先生からも批判があったところです。令和の大嘗祭では、ほぼ天皇霊の継承という考え方は出なくなっています。しかし考古学においては、この考え方を採る研究者がまだまだ多くおられます。

折口信夫さんの天皇霊の継承は、とくに前方後円墳の成立論に大きな影響を与え、前方後円墳における首長霊継承儀礼として取り込まれていくことになります。この首長霊とは天皇霊を置き換えたものであることが、容易におわかりいただけると思います。では首長霊継承儀礼説とはどういうものかというと、前方後円墳の後円部上で前の王の首長霊を新王が受け継ぐ、受霊する継承儀礼が行われたとするものです。先ほどの天皇霊の継承と全く構造は一緒ですね。埴輪はその儀礼を再現したのであって、死んだ首長から後継の首長への首長霊の継承を行う場が前方後円墳であるという考え方です。この説によると、前方後円墳は墓であるとともに、首長霊とそれに由来する首長権の継承を行う儀式の場として、政治的にも最重要な場と位置づけられることになります。これが現在も大きな影響力を与え続けている考え方ということになります。

首長霊継承儀礼説の代表的な研究者には、岡山大学におられた近藤義郎先生、春成秀爾先生、それから奈良大学におられた水野正好先生、それから私どもの先輩で纒向学研究センターの所長の寺沢薫先生がおられます。そういった方々に多かれ少なかれ大きな影響を受けてその考え方を採る方もおられます。このうち春成先生が一九七六年に出された論文「古墳祭式の系譜」では、前期の前方後円墳の埋葬施設である竪穴式石室や粘土槨は非常に長い。一人を埋葬するためだけにこんな長さはいらないだろうということで、ここで新王と旧王、つまり死んだ首長と次の代を継ぐ首長の一晩の同衾を想定し、そこで首長霊の受霊、継承が行われたとする考え方を提出されています。

この考え方は早稲田大学におられた洞富雄先生（種子島の鉄砲伝来の研究でも有名です）が提唱

された説、すなわち大嘗祭の真床覆衾（まどこおぶすま）において、先帝の亡骸と新王との同衾が行われ、そこで天皇霊が継承されたとする考えに基づいています。折口さんはここまでは言ってなかったのですが、洞先生はそこまでおっしゃった。それを考古学でも、前方後円墳の中に置き換えて議論が行われたということです。

文献が語る殯

死んですぐに埋葬するならいいのですが、天皇によっては三年間、殯（もがり）してから埋葬することもありますので、先ほどの沖縄のお話でもありましたが、遺体からは悪臭がするし、うじも湧いてくる。そういう状況の中で先帝の亡骸と新たに王になろうとする生者が同衾するのだろうか、と私は単純に疑問に思うわけですが、実際にそういうことが行われたのかを検証していきたいと思います。

まず、『三国志』魏書の「烏丸鮮卑東夷伝」。東夷伝の一番最後が「倭人の条」いわゆる卑弥呼のことが書いてあります。そのうちの「烏丸伝」には、人が死んだときに烏丸では死者の神霊を護って犬が赤山まで導いていく役目を負わされている、中国の人が死ねば魂が泰山に戻っていくのと同じと書いてあります。面白いのは「二人の者に呪文を唱えさせ、死者の霊が険阻の場所をまっすぐ通り抜け、馬犬、精霊たちに邪魔にされず無事に赤山に行き着けるように教え諌めさせる」ということです。二人の者が何らかの呪文を唱えるのと非常に近い構図が、あとで示す日本の文献にも出てきます。

次はイザナキ、イザナミ、いわゆる日本を生み出した二柱の神。イザナミが死んだときにイザナキが妻であるイザナミの亡骸のところへ行こうとする。そのとき殯所に行ったのです。この説話は横穴式石室が背景だと言われたりするのですが、『日本書紀』第五段一章の九では「殯斂之処」つまり殯のところとはっきりと書かれています。そのときにイザナミは「張れ高へり」、非常に腹が膨れ、遺体が膨張していた。そこに雷様が上に乗っかっていた。『古事記』でも同じことが書いてあります。雷が乗っていた。そのうえウジが湧いていた。『古事記』では、「宇士多加禮許呂呂岐弖」と書いています。ウジがいっぱい遺体に取りついていた。そういった状況が書かれています。

また次の文献が非常に面白い。『令集解』喪葬令親王一品條遊部事です。大宝律令や養老律令という法律ができたけれど、法律だけではわからないので、いろいろな施行細則といったものが書かれてますが、それをまとめたのが『令集解』です。六法全書における解説書のようなものですね。その中に、「遊部事」があります。親王一品条では、貴人のお葬式をするとき、親王とか一品という高い位階の人にはどういう葬儀の道具が与えられるのか。身分によって、例えば笛の数だとか太鼓の数、葬儀の時に使う道具類が規定されているのです。そのなかに「遊部」も与えられるということが書いてある。この「遊部」に付された注釈が「遊部事」です。遊部は「幽顕の境を隔け、凶癘魂を鎮める氏」と書かれています。あの世とこの世の境を分かち、それから凶癘魂（見るからにおどろおどろしい漢字ですが）を鎮める氏、ということです。大宝令の注釈書である「古記」には、「遊部は大和国高市郡にいて、生目天皇（垂仁天皇）の苗裔」と書いてあり、続けて「およそ天皇が崩御すると、伊賀比自支和気等は殯所に到って殯所の仕事に供奉したが、そのとき比自支和気の氏人から二人をとって「禰義」「余比」と称した。禰義は刀を負って戈を持ち、余比は酒食を持って刀を負い、共に殯所へ入って供奉した。ただ、禰義らが申す辞（言葉）は人に知らせなかった（秘密だった）」と記されています。先ほど「烏丸伝」に二人の者に呪文を唱えさせて、あちらの方へ行くということがありましたが、ここと非常に照合性があります。

ところが、重要なところは、後に長谷天皇が崩御した際、比自支和気が散じて来れなくなったため、七日七夜、御食を奉らなかったところ、天皇の魂は荒びたまわれた。つまり、きちんとした処置をしなければ天皇の魂が荒ぶる。天皇の魂が荒ぶると、非常によくないことがこの世に起こってくるだろうという認識ですね。その後いろいろな経緯があって、比自支和気の縁者の女性の夫である円目王が殯所での供奉したところ、天皇の魂は和ぎ平らたもうたと書かれています。きちんと処置をしなければ荒ぶるのですね。

この比自支和気の故地と目されるのが、現在の三重県伊賀市の比自岐というところです。石山古墳はこの地に築造された古墳です。石山古墳、先ほどから出ている三重県で三番目に大きい一二〇メートルの前方後円墳です。地籍上は比自岐の隣の才良というところですが、この比自岐の谷筋の盆地を見下ろす丘陵上に石山古墳がつくられています。

『日本書紀』一章の十、先ほど殯所にイザナキがイザナミを見に行ったのですが、ここに黄泉守人と、菊理媛の二人が出てきます。この人たちは何をしたかというと、死んだイザナミの言葉を伝えるわけです。死んだ妻であるイザナミの言葉を、「汝とともに国を憂い、なんぞ他に求めるのか。私はこの国にいますよ」とおっしゃる。菊理媛も同じようなことを言い、「イザナキほめて去っていく」。つまりイザナキは、死んだ妻に会いたくて来たのだけれども、ウジが湧いたりすごい状況になっていて驚いてしまった。イザナミに見るなと言われたのに、見てしまったら大変な状況になっていたのです。イザナキは逃げ帰ろうとするのですが、最後に黄泉守人と菊理媛の二人が出てきて、妻の言葉を伝える。日本では先ほどの平井先生の話にあった沖縄のユタや、青森県恐山には有名なイタコという女性司霊者がいますが、そういった司霊者は一人で神がかっています。ところが、これらは日本の歴史ではむしろ例外的存在で、神様の言葉、あるいは死者の言葉を伝える巫者・司霊者は、日本では古代以来二名ないしは三名であることが多かったようです。神がかる人と、それから神がからせ、またそれを解かせる人、もう一人いる場合は通訳ですね。「ふにゃふにゃふにゃ」と言うのを「熱かった、熱い」と通訳する人、そういう二名ないし三名のセットがスタンダードです。これは岡山県の在野の民俗学者であった岩田勝先生が非常に細かく研究されています。岩田先生の著作『神楽新考』（名著出版）でも黄泉守人と菊理媛を取り上げ、遊部の二名の秘密の辞というのはまさにこういうこと、いわゆる死者の口寄せをしたのではないかと指摘されています。

折口信夫さんは殯を「人は死んでも古代においては、生きているか死んでいるかわからない状態だった。魂を呼び戻せば生き返ると思っていた。人は死んですぐには本当の生死は判別できず、遊離した魂をふたたび体内に戻すべく鎮魂を行い、生き返らせようとした。死は生き返るところの手段と考えられていた」とおっしゃっています。ですから考古学でも、よく埴輪の議論をするときに、すでに死が確定しているのに何で埴輪を殯の表現というのか、殯というのは生き返らせるための儀礼なので、完全に死んでしまうときの儀礼に殯はそぐわないとおっしゃる研究者もいますが、この折口信夫さんによる殯解釈というのは、今問題がある。先ほどから言っている遊部の伝承等を見ていくと、どうもそうではないだろうと。これは別の民俗学の方もおっしゃられているところですが、殯とは人が死んではじめて開始される儀礼です。

日本の古代の殯というのは文献から見たときに、「棺有るも槨なくなり。始め死するや停喪十日」(『魏志倭人伝』)、つまり死んでから一〇日間はそのままにしておくということがある。これが殯をしている期間ということになります。それからその後、葬ったあとに帰ってきた後、水に浸かる、いわゆる禊をする。一方、それとは別に「卑弥呼、以って死す、大いに冢をつくる」ということも記されています。つまり死んでから一〇日ほどの停喪期間と、それから卑弥呼が死んでから、卑弥呼の墓というのは非常に大きいので一〇日ではできないですよね。卑弥呼が死して大いに冢をつくる、つまり卑弥呼が死んでから卑弥呼を埋葬するまでは、一定期間、少なくとも一〇日以上はかかったでしょう。これが長い期間を要する殯ということになります。つまり倭人伝のなかにも、短い殯と、長い殯が記されているわけです。

『隋書倭国伝』、こちらは聖徳太子の頃ですね、これを見ると、「貴人は三年、外に殯し、庶人は日を卜して瘞む」。基本的に『魏志倭人伝』に書かれていた「停喪十日」と卑弥呼が死んでからの冢、殯の期間には短いのと長いのがあるというのが、この時代の文献でも確認できます。

『日本書紀』のいわゆる出雲神話の天若日子のところでは、「まずは殯をするには喪屋をつくりて殯する」。殯の場所は美濃の国藍見川の川上の喪屋、つまり川の畔だということを言っています。

允恭天皇のところでは、水歯別天皇(反正天皇)の殯をしたときに玉田宿禰という人が殯宮太夫、殯の葬儀長官のような役をしていたのですが、そこに地震があった。それでその殯宮がどうなっているのかを確認するために、尾張連吾襲を遣わして殯宮の消息をさせた。ここでは使者を出して確認している。つまり、殯宮はちょっと離れた場所にあるということです。

それから用明天皇の即位前記、穴穂部皇子が炊屋姫の皇女(後の推古天皇)を犯さんとして自ら殯宮に入ろうとすることがあります。そのとき寵臣三輪逆は兵衛を召して宮門を閉めて招き入れずとあり、殯宮は柵塀で囲繞されていた。つまり門を閉じたら入れない。他のところから勝手に入れない厳重な構造であったということがわかります。

「喪葬令」と埴輪の機能

それからもう一つ重要なものが『喪葬令』京宮三位條殯斂事。先ほど遊部の伝承が載っていたのも『喪葬令』です。京宮三位條殯斂事では、いくつかのことが書いてありますが、ここでは「浴於中霤」というのと「棺槨衣衾」と記されたことについてお話しします。まず「棺槨衣衾」ですが、これは屍体を衣衾に包んで棺に納め、その棺にも衣を周して包み込むことを言います。

もう一つの「浴於中霤」（中霤に於いて浴せよ）ですが、これは中国の文献に由来しています。中国の『孝経』であるとか、それから『礼記』に出てきます。中霤とは、「室の中央」を示す語ですが、白川静さんによれば「霤」の本義は「しずく」であり、屋水の流れ落ちる檐、雨だれ受けの承霤の意になるとされます。

つまり、殯所では、室の中央で屍体を洗い、葬儀用の衣装を着せて入棺し、その棺を衣で包む行為までが伴っていたことがうかがわれます。

日本古代の殯については、先ほどから見るように『日本書紀』『古事記』に出てくるのですが、考古学ではあまり検討していません。でも文献などからみてみると殯には、凶癘魂の寄り憑きを排除する強い僻邪意識がある。柵や塀などによる厳重な囲繞、炊屋姫の殯宮、用明天皇の即位前期のところにあった、入っていこうとしても閉めてしまうと中に入れない。凶癘魂とは遺体に取り憑く悪霊、邪霊の類で、それを具体的に示すものがイザナキ、イザナミの神話のところに出てくる雷です。そういった存在です。そして、遺体を入れる喪屋が伴っていました。

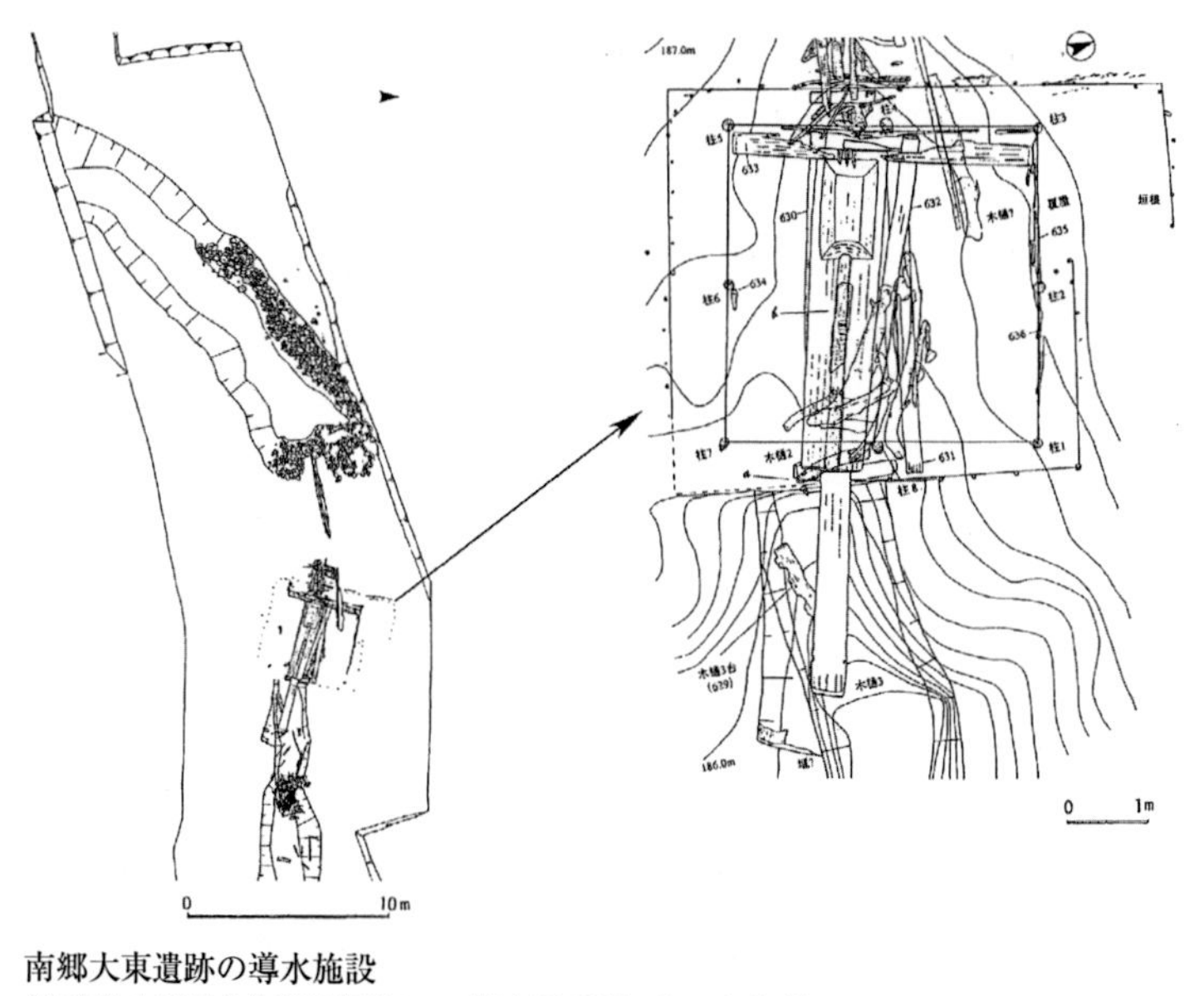
南郷大東遺跡の導水施設
（奈良県立橿原考古学研究所 2004『南郷遺跡群Ⅲ』より作成）

それから儀礼に伴う集団がいました。先に述べた比自支和気や遊部と言われる人や集団です。古代の葬礼と言うと土師氏を思い浮かべる人も多いと思いますが、土師氏というのは、昭和天皇の武蔵野御陵を造った総合建設会社のイメージを考えていただければいいです。葬儀を中心に受注する建設会社が墓石や棺桶の製作も受けるような。一方、遊部というのは葬儀業者ですね。『おくりびと』という映画がありましたが、ああいう存在が遊部というふうに考えていただければいいと思います。殯の喪屋が水辺に設けられとみられる文献記載の存在、これは和田萃先生も『日本書紀』の中に「飛鳥川の辺で殯す」など、いくつかそういう文献から殯宮は河原と非常に調和性があるのではないかと言われています。使者を派遣するということから、日常の生活の場からは若干離れた場所にあります。

そして、この情景にもっとも適合した既知の考古学上の遺跡・遺構が、私自身は奈良県御所市の南郷大東遺跡を典型とする導水施設遺構ではないかと考えています。これには異論もあり、定説ではありません。導水施設がどういうものかというと、溝や木樋で導水（引水）した水を遮蔽施設と覆屋（小屋）などで構成された特定区域内に引き込み、その中に据えた木樋や槽付き木樋にその水を通して何らかの行為を行うための施設、と私は定義しています。そして、ここで行う「何らかの行為」が遺体の洗浄ではないかと。この遺構は、奈良県御所市の南郷大東遺跡で典型例が出土しており、その導水施設を原形として埴輪化したものが導水施設型の囲形埴輪です。南郷大東遺跡の導水施設や、その導水施設を埴輪化した大阪府八尾市心合寺山（しおんじやま）古墳や三重県松阪市宝塚一号墳の導水施設型囲形埴輪では、垣もしくは板塀、板垣で囲った中に小さな家があり、そこを木樋などで流水が通ります。京宮三位條殯斂事の「中霤」が示す部屋の中央の小さな流れというのは、まさにこういう導水施設型の囲形埴輪、あるいは南郷大東遺跡の導水施設と非常に親和性があるのではと私は考えています。

極楽寺ヒビキ遺跡（写真：穂積裕昌）

そして、殯は短期間で終わるものもありますが、数年間続くものもあります。その場合、遺体を洗浄した後、乾燥した地では遺体を維持しておく必要があります。先の南郷

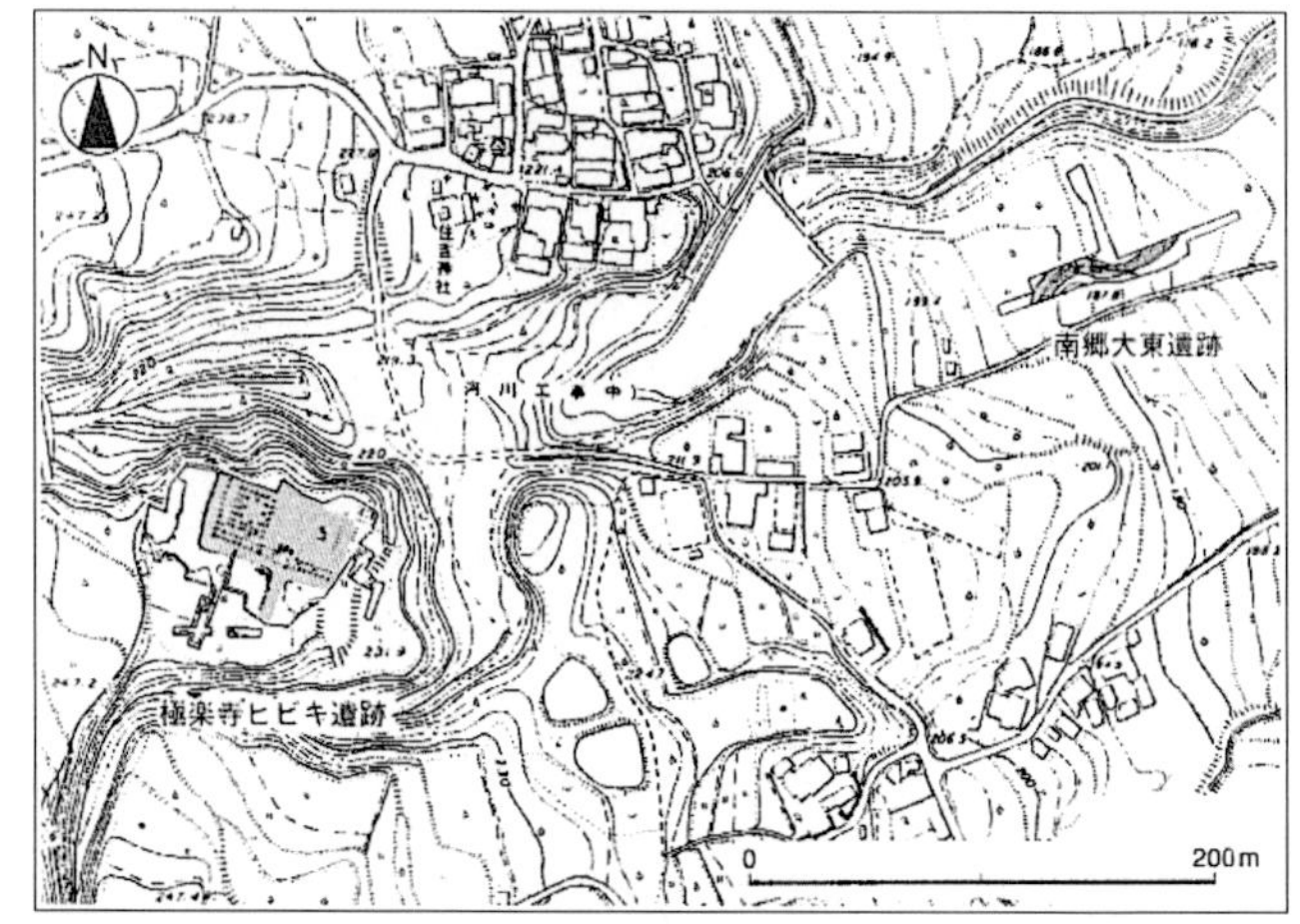

南郷大東遺跡と極楽寺ヒビキ遺跡の位置関係
（奈良県立橿原考古学研究所 2005『第 23 回奈良県立橿原考古学研究所公開講演会資料』より作成）

大東遺跡は谷筋に立地しているのですが、この上方の尾根上にあるのが極楽寺ヒビキ遺跡です。この遺跡は四周に塀が巡り、内部に大型の掘立柱建物が発見されています。外部とは陸橋でつながる形となります。この形状は、松阪市宝塚一号墳などで確認された出島状施設とそっくりです。

そして宝塚一号墳では、出島状施設からは谷部となる両脇に囲形埴輪があるのです。まさに極楽寺ヒビキ遺跡と南郷大東遺跡が示す構図と非常に近親性があります。私はこれらを、遺体洗浄を担う場（＝導水施設）と遺体の維持・保管を担う場がセットになって、殯所を構成したことを示していると考えています。

喪の場である殯所　葬の場である古墳

さて最後ですが、例えば埴輪の機能というのは、仮器としての円筒と、寄り来る邪霊としての凶癘魂を和ませ、退散させるための飲食を具現化した壺や高坏形埴輪の樹立というのが前期。水野正好先生は出雲神話のヤマタノオロチ物語がこの観念を象徴していると指摘しました。つまりヤマタノオロチが来るとき壺に酒をいっぱい入れておいて、退散してもらうということですね。

前期後半から中期というのは、先ほどの石山古墳とか河内黒姫山古墳の時代ですが、悪霊・邪霊の排除を具現化した武具系の器財埴輪が被葬者の眠る墳頂を囲んで、死者霊の鎮魂を永続的に示すための象徴空間を作りだしています。石山古墳ですが、ここでは後円部の埋葬施設を囲む埴輪群の外側に壺があります。つまり悪霊がやってきたらまず酒でも飲んでということです。行者塚古墳は兵庫県にある古墳ですが、そこの造出しでは魚とかいろいろな土製品を置いています。

それから中期末から後期には、人物埴輪が出てきます。遊部が行う鎮魂の所作と、邪霊の安寧を象徴化した人物埴輪群像、死者霊に捧げる供犠としての各種動物埴輪、大型の須恵器等を用いた酒食供献など、象徴的に演出をすると考えています。遊部らが行った酒食の供献は殯所で行ったものですが、葬所、つまり墓所である古墳ではもう人は入りませんから、朽ちることのない土製品に置き換えている。ずっとそういう死者の鎮魂を行っていることを象徴的に空間として演出している場所が古墳ではないかと思います。

喪の場である殯所と葬の場である古墳は、死者霊を正しく鎮魂させるということで共通した観念があるということですね。古墳への埋葬では、その状態の永続的安寧を維持するため、死者霊を鎮める各種行事、所作を朽ちることのない土製品に託して古墳上で演出し、死者の魂を厳重に封印のうえ鎮魂する。

古墳とは、凶癘魂の寄り憑きを阻んで死んだ首長の魂が悪霊化して暴れ出るのを防ぎ、さまざまな鎮魂の措置を講じて封じ込めるための装置、それが古墳なのです。というのが私の結論です。どうもありがとうございました。

古墳を潰して、古墳を造る
——奥津城の仕分け

今尾文昭（東海学センター理事長・関西大学非常勤講師）

古墳の〈仕分け〉

私の今日の話は「古墳を潰して古墳を造る—奥津城(おくつき)の仕分け」というタイトルをつけました。私は考古学を専らとしている者です。考古学は沈黙資料なので、どれだけ素晴らしい遺物を前にしても、その遺物そのものが何か語ってくれるわけではありません。いろいろな事象を集めて、ああでもないこうでもないということで、なかなかクリアに示すことはできないのです。

今日のお話も「あの世」を古代人がどう考えていたか、ということですが、古代人が—この場合は古墳時代の人々ですけれども—どのように考えていたかということも明確に提示できない中で、飛鳥時代には大きな変化が起こります。普通はあり得ないんですが、古墳を潰して古墳を造るなんていうことが起きている。いくつかの事例の中で紹介してみましょう。

はじめにサブタイトルにした「奥津城の仕分け」、すなわち奥深い墓所をふたたび社会的に区分する行為という意味で使いました。

どういうことかというと、資料の一枚目に映っているのは黒板勝美という人物です。一八七四年ですから明治七年生まれで、一九四六年戦後まもなく亡くなられています。東京帝大で「国史」の研究の基本となる史料の編纂をするような仕事をなさった方です。発表資料集に「近代国家は、江戸時代に在地社会と共にあった古墳や山陵を新たに「近代陵墓」に充当、編成した」と書いていますけれども、江戸時代在地社会にあっては陵墓と古墳の境目が今ひとつはっきりしない。その中で明治政府は「開かれた古墳」と、「秘匿化する陵墓」、陵墓と古墳に分けていく。それが第一段階だと思うんですが、その次の段階としては明治末年以降には、黒板は陵墓から漏れ落ちた古墳に対して、近代法に基づく「文化財」としての位置づけを与えていくという、そういう役どころを担います。文化財という言葉はもう少し後の時代に出てきますが、国家が天皇、皇后、皇族の奥津城とする陵墓と、在地社会のなかにさまざまな状態にある古墳の仕分けをより高次元に分けていく。

黒板勝美（1874-1946）

具体的には、その契機のひとつとなることが起こります。一九一二年（明治四五）に大山古墳の陪塚（ばいづか）と呼んでもよいと思いますが、直径三〇～四〇メートルぐらいの円墳、塚廻（つかまわり）という古墳です。その塚廻古墳を「仁徳天皇の陪塚なるべきを予想し、諸陵寮の編入に漏れたるを奇貨として之が発掘を試みたるものとせば」、「余は更に鼓を鳴してその不道徳なるを責めずんば已むを能わず」。非常に激しい言葉ですね。「諸陵寮の編入に漏れたるを奇貨として」ということは、近代国家が仁徳陵の陪冢（ばいちょう）から漏らしていたのですね。そこで宮内省が管理していないからということで、地主と大阪朝日新聞、それから考古学、人類学の坪井正五郎が発掘してしまったのです。銅鏡や刀剣、大きな勾玉なんかも出土するんですけれども、それに対して非常な怒りを持って黒板は学会に訴えます。

興味本位の古墳調査も法的規制にのりだす。

つまり、第二の仕分けを国家のエリートとして黒板は担った。ここは「陵墓」と「古墳」という意味です。もちろん近代の陵墓制は明治の初めに成立します。さて、史跡名勝天然記念物保存法という法律があります。一九一九年（大正八）に制定されています。

戦後、法隆寺の金堂が一九四九年（昭和二四）に焼失しますが、その翌年制定の文化財保護法にもつながっていきます。わたくしたちもそれに基づいて、古墳や遺跡の発掘や保護行政をやります。その大もとに黒板勝美の提議がある。そこに仕分けがあった。近代国家は法により明治初めと黒板が関与して明治末から大正期にかかる前後二段階で「古墳」（正確には「陵墓」の治定から遺漏した古墳のこと）と「陵墓」（正確には前近代から近代に決定—治定された陵墓のこと）を仕分けしたということです。

もちろん、まずは古代の律令国家にあって仕分けがありました。私はこれについて「律令期陵墓」という用語を提案しましたが、律令国家はそれまでの古墳を仕分けして、新たに編成された陵墓に充当したというわけですね。そこで、本日の視座をどういう形にしようかということで、「本発表の視座と方法」ということを書いています。最初の取っ掛かりですから読み上げておきます。

「本発表の視座と方法」

○古墳は恒久性を指向した墓制だが、継続的な祭祀、管理実態がない。

○されど、潰されず。では、築造後に存在する意味は何か。

○そこで、まずは〝奥津城〟となる意識形成はいつ、はじまるか。

〇飛鳥時代に〝仕分け〟がはじまる――古墳を潰して、古墳を造る。
①として〝仕分け〟の実像を提示する。
②として〝仕分け〟の論理が形成される前提を明確にする。
※究極として、律令期陵墓に編成された古墳と遺漏した古墳を考える。

「古墳は恒久性を指向した墓制」ですが、「継続的な祭祀管理実態」はないんですね。追祭祀がないわけじゃないけれども、継続的な管理の実態は考古学の実証からはない。「されど潰されず」、潰したらいいのに潰されない。

では築造後に存在する意味は何かというところがあって、まずは奥津城となる意識形成はいつ頃から始まるのか。観念的な話になってしまいますが、飛鳥時代に「仕分け」が始まる。仕分けの前提として、古墳を潰して古墳を造る、また古墳を潰さずに残す、しっかり位置づける、そういうようなことの、いわゆる仕分けがですね、飛鳥時代に始まるんじゃないかなと思っています。その例を以下に説明していきたいと思います。

石舞台の下の小古墳

奈良県明日香村の石舞台です。石舞台古墳は墳丘一辺約五〇メートルの方墳なんですけれども、一九三五年の京都帝大の報告書に、石舞台古墳の西北、今の入場券を買うところあたりです。そのあたりが西北部分で、そこで別の古墳が見つかっているんです。そのときは古墳が一基見つかっていて、報告書の中では、これは末永雅雄先生の執筆になるのですが、石舞台古墳と関係性のある人物の墓だろうというような見解があります。当たり前ですけれども、いわば石舞台の被葬者にお付きに従う人のお墓なんだろうと。

　ところが、石舞台周辺が国営公園となる。事前にあたる一九七五年、橿原考古学研究所で発掘調査が行われます。私はこのときは学生でした。ただ一日だけですが、現地見学をする機会を得まして見に行ったんですが、なんと石舞台古墳の外堤の下に円墳が出てきたのです。円墳は七基ほど見つかっていて、横穴式石室の天井が飛んで、そしてこれは大和の古墳の中では比較的珍しいかもしれませんが、墳丘に沿って外護列石で墳裾が明示されてます。

石舞台古墳と潰された小古墳

潰された古墳の状態

　潰す人は古墳だとわかっていますよね。大体一〇メートルから二〇メートルぐらいの円墳とか方墳のうちの三基ぐらいが石舞台古墳の外堤をつくるために、潰されています。時期ですけれども、報告で西北の小古墳の副葬品の写真が出てまして、おそらく高蔵43型式という六世紀後半を中心とする長方形の透かしが、脚台に二つ見られるような須恵器ですね。それが示す時期を中心に考える。石舞台古墳は蘇我馬子の「桃原墓」と見る説が喜田貞吉以来（というか江戸時代からもそうですけれども）定着していまして、多分それで良いだろうと多くの方は考えているわけです。そうしますと四〇年あるかないかぐらい前に造られた古墳を潰してしまった。

発掘調査を担当した橿原考古学研究所（当時）にいた河上邦彦さんはこう記しています。「石舞台古墳の築造は七世紀初めから前半と考えられる。つまりこの時点で、小古墳が先に築造されていることを知っている者はいたはずである」。今言ったような時代関係ですから、「彼は築造予定地に墓があることを認識していたはずだ。石舞台古墳の被葬者を考える上でこのことは極めて重要である」。慎重な書き方ですけれども、言外に蘇我の大臣馬子、勢威でもって配下か配下でないかはともかくとして、子孫が特定できるような小古墳をぶっ潰してしまった、壊してしまったと、こういうことを述べられています。

僕もそうかもしれないなと、蘇我氏の力が強いんやなと。普通は壊したらあかん古墳を潰してしまうんやなと。こういうふうに思っていたわけですけれども、蘇我氏に特化できることとは言い切れない状況が実はあります。奈良県橿原市の植山古墳、五条野丸山という奈良県最大の三二〇メートルぐらいの前方後円墳の東方にあって、一辺四〇メートルぐらいの東西方向の長方形の墳丘を持ち、東西に二つ石室があるんです。一つの墳丘に二つ石室がある。被葬者は、東側の石室は竹田皇子、西側の石室は母親である推古大王だろうと言われています。

植山古墳と小山田古墳

植山古墳は墳丘を取り巻いて柱列が二つありまして、古い方の柱列は、地形に即した柱列、もう一つは南北方向にほぼ即した新しい柱列。二つの柱列で墳丘を取り巻いている。新旧は切り合い関係でわかります。まさに古墳をしっかりと守護しています。これは公的な管理という性格が強い。飛鳥の宮殿域にも近い。こういった状況からも想定の被葬者論とも結び付く。

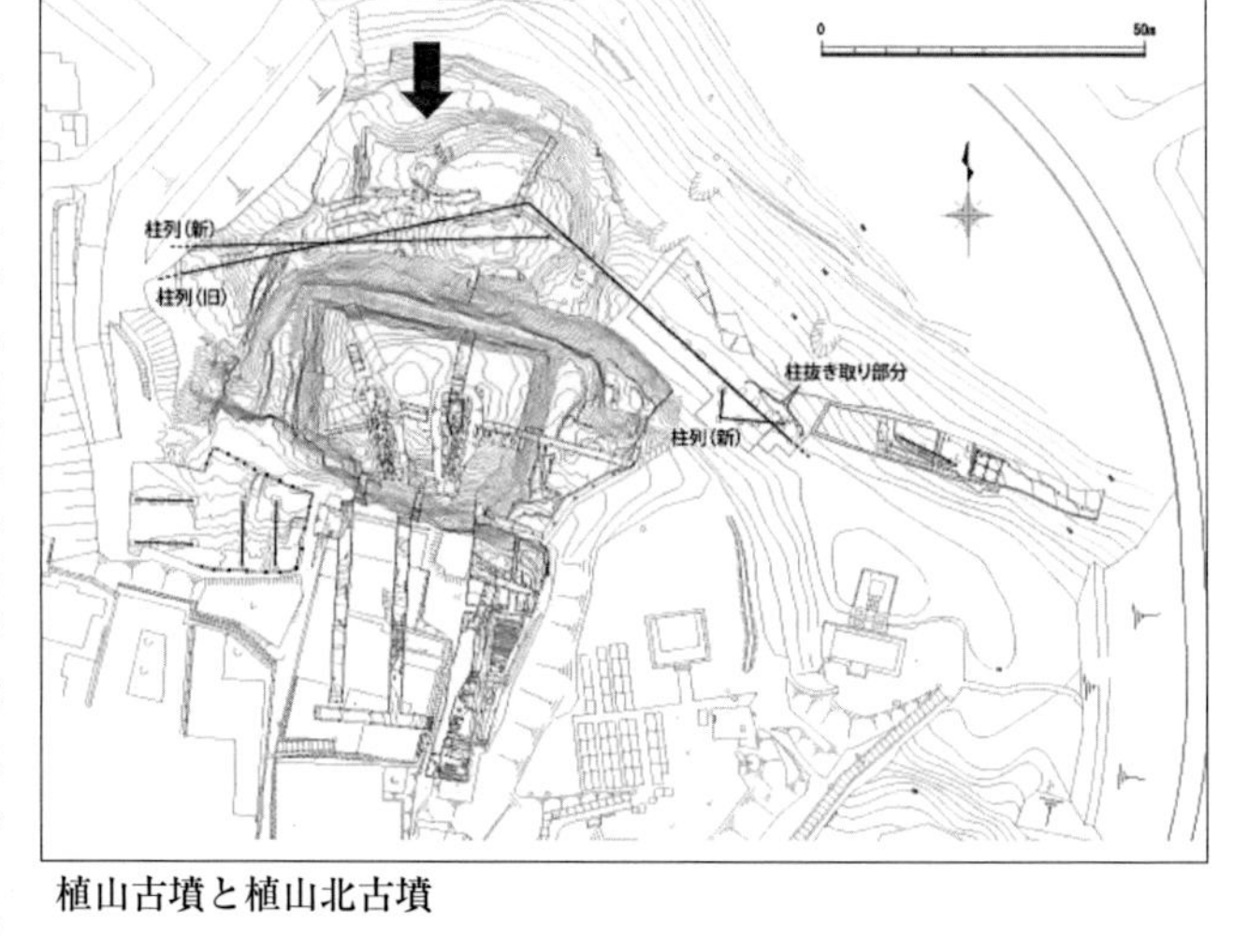

植山古墳と植山北古墳

ところで、矢印で示しましたが、六世紀前半の帆立貝形前方後円墳があるんです。この墳丘北側裾から須恵器がまとまって出土している。さらに鉄剣が出土している。この古墳は墳丘南側が植山古墳の周濠を造る時に削られている。もちろん柱列も、この上に設けられた。すなわち、植山古墳を造るときに埋葬施設は平らにして、墳丘の基底部だけが三五メートルほどの帆立貝形に残っている。須恵器類は時期差（とくに𤭯(はそう)は新しい）もあり検討も必要ですが、鉄剣（残存長四三センチ）はこの植山北古墳の副葬品ではないでしょうか。本来置かれている場所と違う場所から出てきて、〝改葬〟のようなことが行われたのかもしれない。少なくとも先行する六世紀代の古墳を潰して、終末期古墳となる植山という古墳を作っている例があがります。

次は明日香村川原(かわはら)の小山田(こやまだ)古墳です。飛鳥時代最大の方墳です。小山田古墳の背後に、どうやら古墳が存在したようです。墳形はわかりません。しかし小山田古墳を造るときに丘陵と墳丘部を明示するための掘り割りがあり、掘り割りの底面、内外の法面の三面に石を貼っているんです。墳丘側と外法側、それぞれ石材の大きさが違ったり、墳丘は基底に緑色片岩、上位に榛原石(はいばらいし)という扁平に割れる石を用いて築いていますので、石材の大きさも

小山田古墳（南から）推定墳丘部分を白ワクで表示

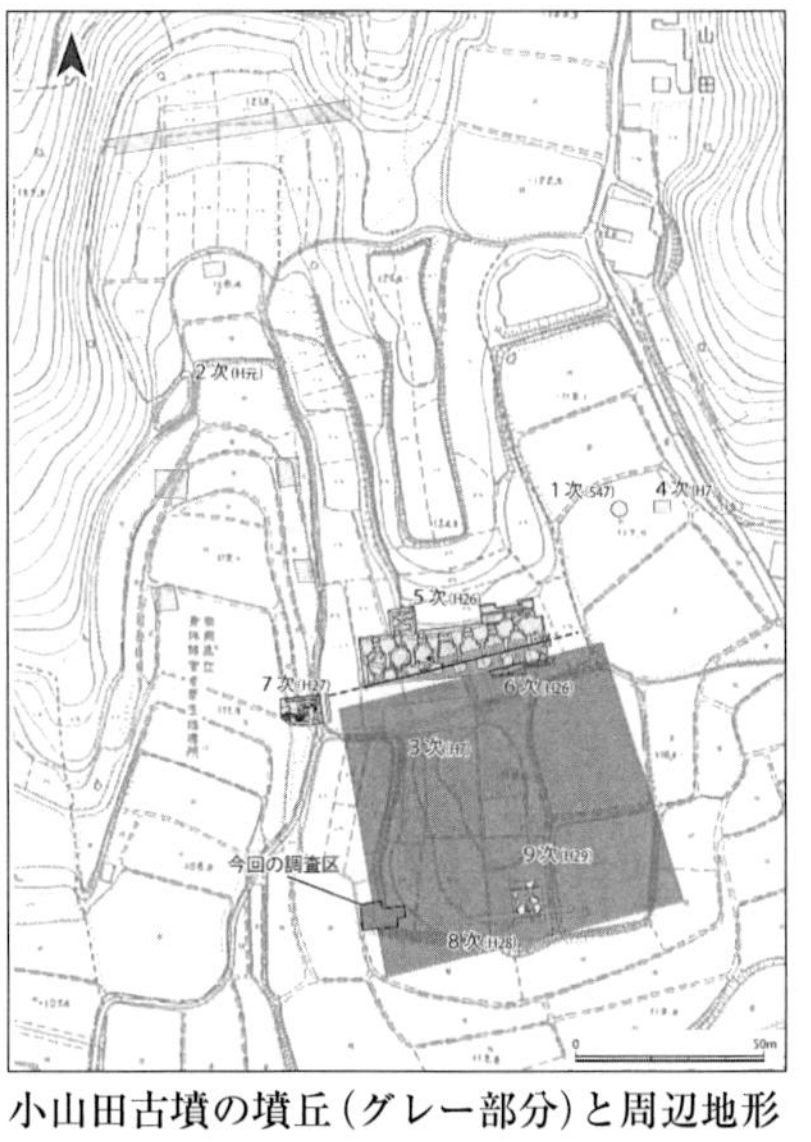

小山田古墳の墳丘（グレー部分）と周辺地形

石材種も各部分で異なるのです。古墳を造るときに、向かって真ん中に北側からの丘陵が伸びてきています。一方、墳丘の東西は谷間ですから、古墳を造ろうとすると、そこはどうしても土で埋めるんですね。その埋めた土中から、六世紀後半代の須恵器の欠片と、おそらく鉄鏃の茎（なかご）だと思いますが、出土しています。実はこの高い部分、小山田古墳の北側の元々の丘陵部分には、古墳があったのではないかと見ています。

古墳を潰して道を造る

古墳を潰して古墳を造る例を三例挙げました。次は、古墳を潰して道を造る。これは私が発掘調査担当をした遺跡です。耳成、香具、畝傍の三山を含んだ京域をもつ藤原京（新益京（しんやくきょう））ですね。京の北部を東西に貫く横大路（よこおおじ）という道路があります。今もあります。近鉄八木駅の南側ですね。そこに法務局橿原出張所がありまして、その建て替えのときに事前の発掘調査をしました。

矢印が示すのは、横大路の南側溝です。正式な発掘調査で初めて確認できたんです。検出の南側溝も掘り込みの肩部分に二〇センチほど茶褐色の整地土があってそこを剥がすと、その下位には道路の路面下の遺構が現れます。法務局を建てるということでやがて潰される運命にありますから、下の方まで掘ったわけです。路面にあたるところ、なんとその整地土をめくるとですね、楕円形、七〇×四〇センチの土坑が見つかりました。「あれ、これ何やろう」と、それからこの土坑が横大路の側溝と並行して東西方向に主軸が揃うところを含めて気になるなと思ってさらに掘り下げてみますと、なんと軒丸瓦が上向き水平の状態で出てきたんですね。瓦当面が空を見上げる。これには大変びっくりしました。軒丸瓦はその後の調べで、飛鳥寺の東南禅院の創建期に関わる複弁八葉蓮華文軒丸瓦だろうということで、いずれにしろ天武から持統期ぐらい、つまり横大路を整備するような事業は、その頃に藤原京を造るために行ったんだろうと、こう捉えるものでございます。京を遷すよりもさかのぼる可能性は強いと思いますが、側溝を伴うような東西の道路として横大路の道幅は、三五メートルぐらいあるんです。天武から持統期ぐらいの施工だろうと考えています。

横大路南側溝（矢印部分）

そしてこの横大路の側溝の中から埴輪がたくさん出てるんです。円筒埴輪が出ておりまして、朝顔形もあります。馬形や人物埴輪もあります。この円筒埴輪は内側底部を指オサエにしてみたり、それから体部の外側も最終調整は縦ハケ一回きりで、埴輪の突帯、タガも大変に退化しております。

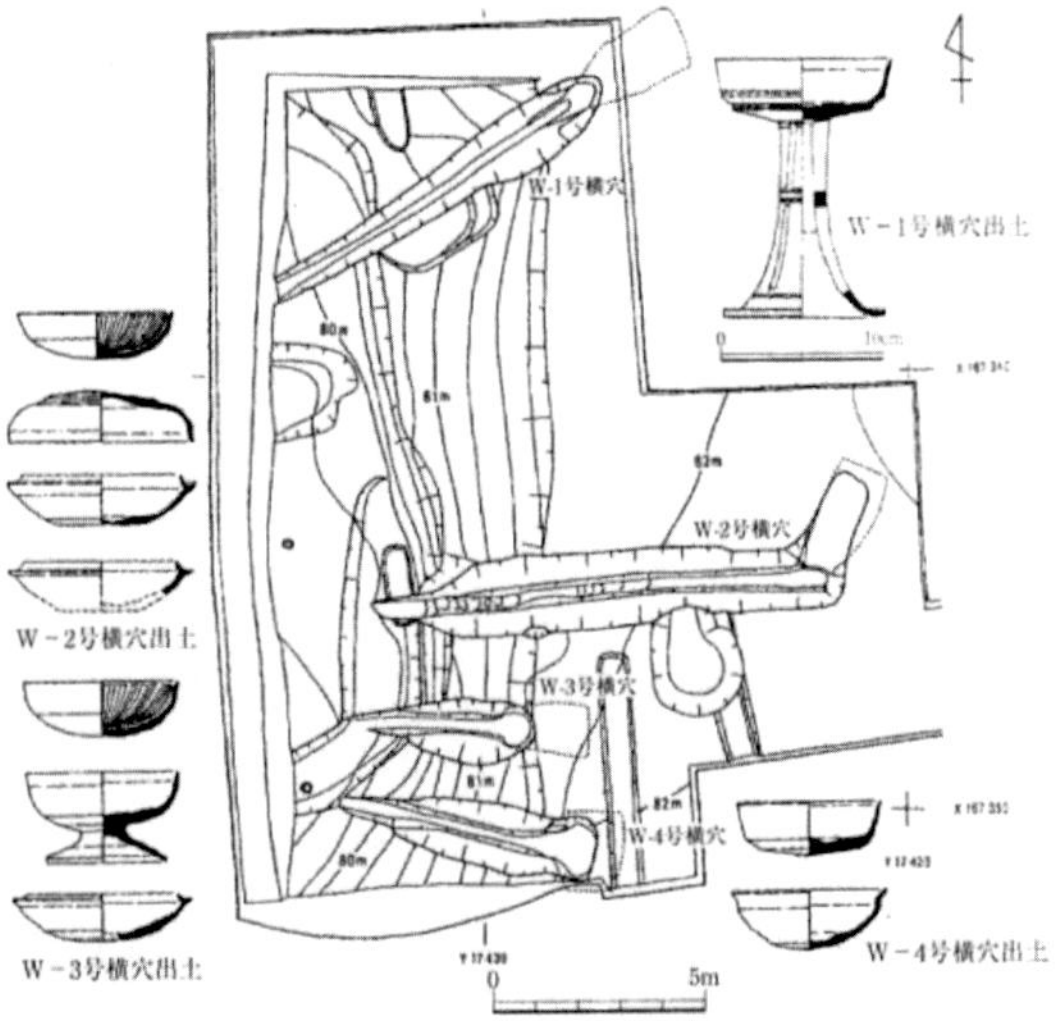

すなわち埴輪編年のV期と呼んでいる埴輪ですね。五世紀の終わりから六世紀にかけての埴輪です。横大路南側溝から埴輪が出土してもとくに珍しくないのかもしれませんが、もちろん完形ではないんです。でもよく見ると、破断面が非常に新鮮、割れたまま。だから、長い年月をかけて埴輪が側溝に落ち、流れて、表面が磨滅したということではなくて、極端に言ったら、昨日古墳に樹られていた埴輪を南側溝に転落させた——そんな印象を持っています。これを数値化などすることは難しいのですが、破断面が「新鮮」である。

それからあえて言うなら、円筒埴輪の底部と、口縁部、上の方も出土している。つまり、しっかりと上まであった埴輪が出土した。つまり新益京（藤原京）を造るとき、横大路を整備するにあたり、横大路に至近にあった古墳を削平し、埴輪が横大路側溝に落ち込んだ。埴輪をもつ古墳を国家は潰しているんだろうと。

日高山横穴群と出土土器

次の例は、奈良国立文化財研究所が調査された橿原市の日高山横穴群です。一九八五・八六年、今から思うと偶然ですが調査を見に行く機会がありました。奈良盆地では珍しい横穴（よこあな）が朱雀大路の予定地上の日高山という丘陵のところで七基以上見つかった。高蔵43という六世紀後半代に中心がある高杯から、七世紀代、飛鳥時代になってから、もちろん飛鳥寺が建ってから、それ以降の七世紀後葉の横穴なんです。それが路面下にあたるということで、横穴って丘陵の斜面を横方向に掘ってるわけでしょう。それを上から漏斗状に掘り込んで、穴を掘って、玄室内の遺物を取り出して、中を白い土に入れ替えている。わざわざこんな作業をして、そしてその上を朱雀大路の整地土が最大三メートル以上も覆っているということです。すなわち、丁寧に改葬している。「面白いな」と言ったら語弊がありますが、玄室内の改葬時の破壊坑に残された須恵器の欠片と、朱雀大路の整地土の須恵器の欠片が引っついたそうです。一連の仕事としていいと思います。

「陵墓」の創出と国家の建設

それから次の話です。ちょっと注目しているところがあります。大和国の条里です。橿原考古学研究所にいらっしゃった秋山日出雄先生が中心になって作られた大和国条里復原図ですけれど、この城上郡一九条四里という中で十七の坪ですね。七の坪と十八の坪の間に矢印を置きました。ここは坪境ですけれども、同時に上ツ道。奈良盆地を下ツ道、中ツ道、上ツ道という南北に貫く（さっきの横大路は東西ですが）三つの道があるわけです。令大尺で四里等間―約二・一キロ間隔で等間隔で築かれた道で、さていつ頃できたのか。「壬申の乱」のときには『日本書紀』に出てくるからそれまでにはできたのか、さらにさかのぼっては推古の頃には築かれていたのか、議論があるのですけれども。

ご存知のように「壬申の乱」のとき、この上ツ道で箸墓の戦いがあるんですね。二〇一三年に陵墓関係十六学会で、私は古代学研究会の陵墓委員をしておりまして、箸墓古墳の中に入る許可を宮内庁からもらいました。表面観察ですから中で何か特別に調査するわけじゃないんですけれども、そのときに気づいたんです。この裾を歩いていくのですが、箸墓古墳の現況の墳丘裾を延ばしてしまうと、現在の上ツ道に当たる。すなわち上ツ道と箸墓古墳の後円部が抵触するのです。上空から見れば、手前で上ツ道は東の方へ箸墓古墳を避けて、そしてまた元へと法線が戻るようですけれども、要は完全に避け切ってないんですね。後円部東側墳丘のおそらく第一段ぐらいまでは、下ツ道を設けるときに潰さざるを得なかったんじゃないかという見立てです。もちろん箸墓古墳は後円部南東で、桜井市教育委員会が個人住宅を建て替えるときに調査をしていまして、幅一〇メートルぐらいの箸墓古墳の周濠と渡堤が見つかっています。上ツ道を造るにあたってというより、その前から周濠は埋まっているんですけれども、墳丘そのものに手をかけてしまった。

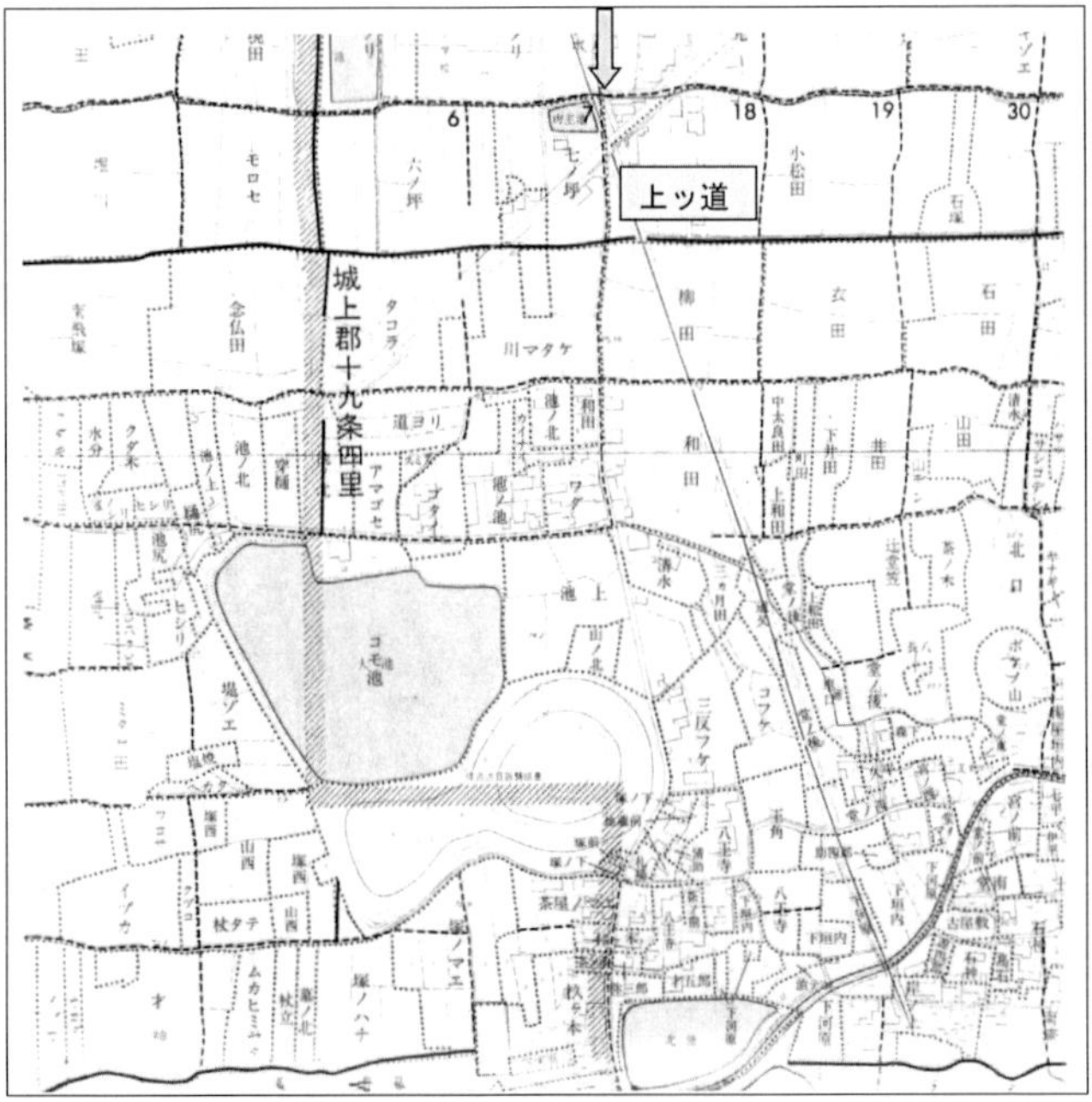

上ツ道（矢印ライン上）と箸墓古墳の関係

本当はこういうことはあってはならじ、というより「ええっ！」と思うことです。黒板勝美が言及した「古来我が法律にては山陵を発くを以て大不敬罪」というところに引っかかる。『古事記』顕宗天皇段に顕宗は父、市邊王を殺害した雄略の「陵」を潰そうとしたところ、その命を受けた兄の意祁は少し「陵」のかたわらの土を掘るに留めたという記事があります。それを不満とする顕宗に対して「後の人は必ず誹謗らむ」と戒めます。理由があろうとも、すべて破壊してしては駄目だということが、古代の規範だったと思うんです。もちろん、この記事の史実性は別ですが、箸墓古墳の後円部裾を削って、古代の幹線道を設ける行為に通じるところもあります。

市庭古墳の改変と平城宮・京の造営

有名な話です。墳長二五三メートルの市庭古墳の前方部を潰して平城宮に直結の役所にしている。

市庭古墳（前方部・周濠を地上表示）と官衙（建物位置を地上表示）＝梅原章一 撮影

一九六〇年ぐらいまでは円丘部だけが知られていたわけです。ここは現在、桓武天皇の息子の平城天皇の陵となっています。平城陵となっている市庭古墳は後円部だけが世の中にあらわれていたわけで、直径一〇〇メートルの列島最大の円墳だと考えていたんですね。ところが奈良国立文化財研究所によつ宮周辺の発掘調査が進んでいきますと、前方部や周濠が地面の下からあらわれた。その上に、宮北方の官衙遺構（内裏北外郭官衙）があるということが、わかってくるわけです。市庭古墳前方部の官衙への転用です。

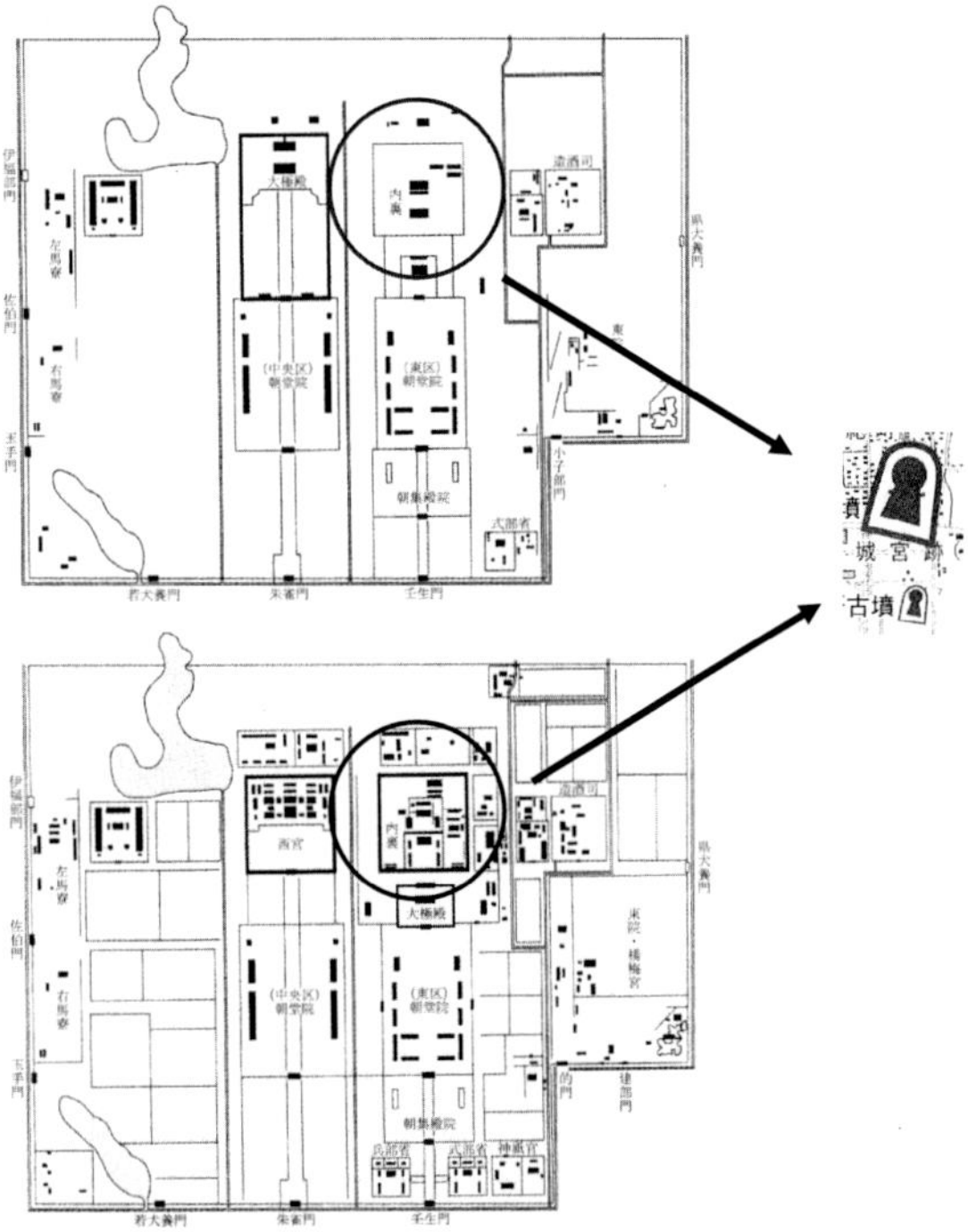

平城宮内裏北官衙・内裏・大極殿(円形部分)に重複する市庭古墳、神明野古墳　(上は奈良時代前半、下は奈良時代後半)

奈良時代前半にはあまり建物がないようです。土坑が見つかっています。なかから木簡が出土しており、佐紀丘陵を越えた泉津(いずみつ)から平城宮まで木材を運んできた。従って平城宮を造る段階では、前方部を削っていわば木材置き場にしているわけです。奈良時代後半になると、これもいろんな説があるようですけれども、内部で三つぐらい区分されまして、推定の内膳司(ないぜんし)になっています。宮内省管下で、天皇への料理を提供する役所になっている。一方、後円部の北西側は葺石の上に粘土を貼って、また石を貼るんです。それで州浜石敷き風の奈良時代の庭園にする。そのとき後円部は、いわば「借景」で、もはや古墳ではない。もちろん陵墓でもない。そんなことが奈良時代の市庭古墳には起きています。

もっとも、この市庭古墳はもともと陵墓ではなかったかと見ています。今日の話とは別なんですけれども、古代陵墓の解除と治定換えが行われたことが想定できるのではないかと見ています。古墳時代から奈良時代にかけては、本来手をかけるべきでない古墳に対して、古墳を潰して古墳を造る例、道を造る例、役所にする例、あるいは庭園にする。そんなことが行われた。石舞台の事例は小さな古墳ですよね、植山も小さな古墳ですけれども、何といってもこの市庭古墳は墳長約二五〇メートルの前方後円墳です。その前方部を他の用途に変えてしまうようなことが行われています。こういう行為が一体どこから出てくる考えなのか。

太田古墳群横穴式石室と「片付け」行為

私自身が発掘調査を手がけた太田古墳群です。葛城市になっていますが、かつては当麻町と呼んでいました。太田古墳群の弥宮池一号墳という古墳がありまして、今は南阪奈道路という道路になっています。建設の事業主体は奈良県土木部です。土木部との交渉の結果、石棺をそばの三角の空地に移築しました。ですから現地でも元の場所にはないけれども、かろうじて見ることはできます。これはもともと盗掘を受けている、というか石材採取があって、天井石が失われており、基底石しか残っていない。凝灰岩の組合式家形石棺が玄室に併行に真ん中にありまして、蓋の部分はなくなっているんですけれども、家形石棺が残っていました。その石棺と側壁の間に須恵器が詰まっていたのです。見ると、破片を割って側壁を構成する石の間に詰め込んでる状態。ああこ

太田古墳群　弥宮池１号墳

石棺と側壁の間への土器集積、短頸壺（矢印部分）

短頸壺の直下、歯牙（白い部分）とガラス小玉の出土

れは何かやってるな、それも後世の人ではなくて古墳時代の人やなと思いました。というのも、ここは三回ぐらい追葬があるんですね。石棺の前に木棺があって鉄の釘などが出ていました。追葬時に何か人が介在した様子がうかがえるなと思って、側壁と石棺の狭い間に置かれた須恵器の短頸壺を取り上げたら、下顎の歯が並んで出てきた。つまり、この狭い空間に人を埋葬することは不可能ではないけれども、そういうことではなく、これは骨化。いわゆる「片付け」行為があったんではないかなと見ています。つまり葬送が完了した遺骸のうち頭蓋のみを追葬に際して動かした。

そのときには、横穴式石室は悠久の奥津城ということではなく「片付け」行為、乱暴な言葉で言ったら遺骸処理の「場」というような合理的な空間として、当時の人は捉えていたのではないか。そのように僕は受け取りました。もちろん、芦屋市にいらっしゃった森岡秀人さんが「追葬と棺体配置」という論文に、追葬に際して奥棺には手をかけず、そこはむしろ「祖霊」として手をかけなかったのではないかと書かれています。それに従うならば、初葬の人物、石棺に葬られた遺骸ではなく、二次葬、三次葬に際して「片付け」たということになります。

古代人の〝あの世〟観と仏教思想

〝あの世〟観を考古学の事例からたちまち明示するような話ではないのですが、追葬に際して、先行する被葬者の埋葬空間を「片付け」ることが行われたのではないかということでまとめの話をします。

今のカギカッコ付き「片付け」の装置として横穴式石室は機能したのではないかと。ところが、ふつうはそっとしておいた古墳なんですけれども、七世紀の前半ぐらいから、すなわち律令国家に向かう飛鳥時代の初め頃から、既存の古墳に対して後世の人の関与を示す事例が増えていきます。もちろん私が紹介したのは大和の例、律令国家の中心となる都のそばですから、汎列島的にそうだという話でもないのですが、①古墳を潰して古墳を造る、②古墳を潰して道を造る、③古墳を潰して都を造る、④古墳をつかって庭園にする。ここは十分な説明ができなかったですが、必要があれば陵墓を改めてでも、国家に必要な施設を造る可能性を示唆しました。

それから、もう一つの側面として見るべきところは、横穴式石室の奥棺というのは不可侵なのかもしれないが、それ以外は合理的に「片付け」行為にもとづき、埋葬空間を石室内に確保する。

こういった前提に、「陵」はそもそも律令期陵墓は、先人の奥津城である古墳を新たに「仕分け」ることによって成立すると思います。古墳に変容を加えることを許す時代背景がある。すなわち〝あの世〟観を人々に与えることで、時に破壊や転用も〝合理〟とする。そこはやはり仏教ではないかなと思います。具体的な寺院の内部の荘厳が仏教世界が説く仮想としての「あの世」なんですよ。飛鳥から白鳳にかけてたくさんのお寺ができて、そのたとえば堂内の壁には塼仏（せんぶつ）を装飾する。荘厳が〝あの世〟観を人々に与えて、ある種、死後への安心感を与える。その裏返しとして、大きな古墳でも潰していいよと「仕分け」に合理性を与えたのではないかなと思うのです。どうもご清聴ありがとうございました。

【参考文献・図出典】 引用順

濱田耕作ほか『大和石舞台の巨石古墳』京都帝国大学文学部考古学研究報告第十四冊、一九三七年。

河上邦彦『飛鳥を掘る』講談社選書メチエ二五八、二〇〇三年。

竹田正則・石坂泰士『史跡 植山古墳』橿原市埋蔵文化財調査報告書第九冊、二〇一四年、（掲載図を一部加工）。

奈良県立橿原考古学研究所「小山田遺跡第八次調査 発掘調査報告（報道発表資料）」二〇一七年、（掲載図を一部加工）。

奈良県立橿原考古学研究所「小山田遺跡第一〇次調査（小山田古墳）現地説明会史料」二〇一九年。

今尾文昭『新益京横大路発掘調査報告書』（『奈良県遺跡調査概報 一九九二年度』所収）奈良県立橿原考古学研究所、一九九三年、（掲載図を一部加工）。

奈良国立文化財研究所飛鳥藤原宮跡発掘調査部編「朱雀大路・左京七条一坊（日高山）の調査（第四五—一・九次）」『飛鳥・藤原宮発掘調査概報』一六・一七、一九八六年・八七年。（掲載図をもとに作成）。

独立行政法人国立文化財機構奈良文化財研究所編『図説 平城京事典』柊風社、二〇一〇年（掲載図をもとに作成）。

今尾文昭「太田遺跡第三・四次発掘調査概報」（『奈良県遺跡調査概報』一九九六年度）、一九九七年。

森岡秀人「追葬と棺体配置」『関西大学考古学研究室開設参拾周年記念 考古学論叢』関西大学、一九八三年。

戦国武将の〝あの世〟観

植田美津恵（愛知医科大学公衆衛生学講座客員教授・僧侶）

医学者から僧侶に

なぜ人は眠るのか。皆さんは一日何時間ぐらい寝ていらっしゃるんでしょう。医学的には一番長生きする人の平均の睡眠時間は七時間から八時間だと言われています。あくまで平均ですから、人それぞれだろうとは思います。

なぜ人は眠るのかということに対して、医学の分野で明確な答えは出ていません。なぜ寝なければいけないのか、なぜ眠くなるのかわからないのです。かつて古代の人々は、眠るということは死ぬことだというふうに考えていた時代もありました。今日のテーマである〝あの世〟へ行くんだと。朝になったらあの世から戻ってくるという考え方で、眠るという行為を理解していたところがあります。確かに、睡眠に入ると、夢を見たり、日常とは違う世界に身を置く、もしかしたら、寝てる間に見る夢が、私たちにとって最も身近なあの世かもしれないですね。

今、日本人は非常に寿命が長くなりました。男女ともに八〇歳を超えています。しかし、平均寿命が五〇歳代に達したのは一九四七年のことです。一九四五年に第二次世界大戦が終わっていますので、そのときはまだ四〇歳代の平均寿命しかありませんでした。それが五〇歳を超えた一九四七年以後二〇二二年の今日まで、右肩上がりの勢いで寿命が延びていきます。これほどの急激なスピードで長寿化を達成できた国は、他にはないと言われています。

図表1-1-12　死亡場所別に見た、死亡数・構成割合の推移

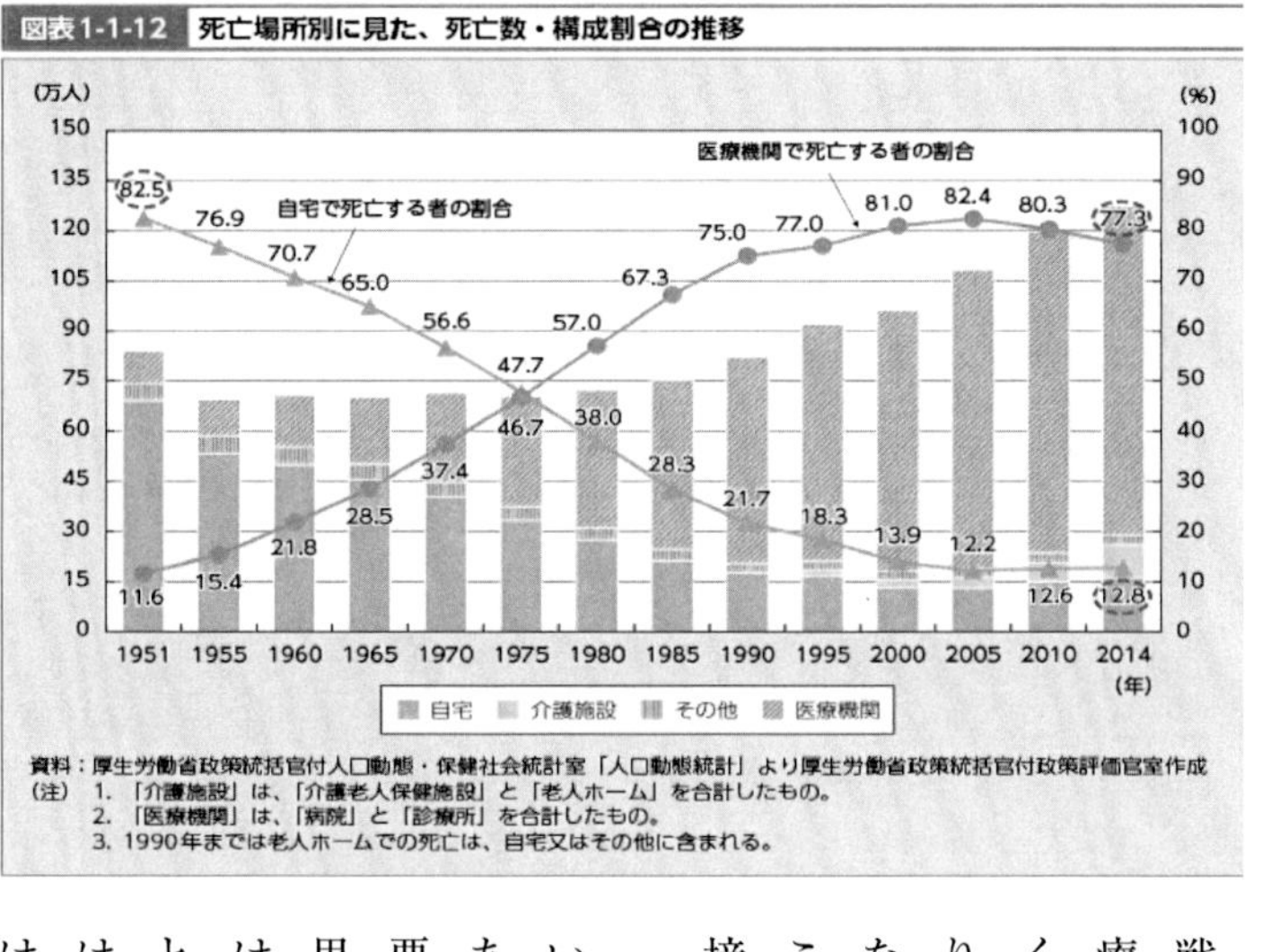

資料：厚生労働省政策統括官付人口動態・保健社会統計室「人口動態統計」より厚生労働省政策統括官付政策評価官室作成
(注) 1. 「介護施設」は、「介護老人保健施設」と「老人ホーム」を合計したもの。
2. 「医療機関」は、「病院」と「診療所」を合計したもの。
3. 1990年までは老人ホームでの死亡は、自宅又はその他に含まれる。

なぜこんなに寿命が延びたかというと、一つには大きな戦争が国内では起こっていないという点です。それから医療の発達、具体的には予防接種が発達して、子供が死ななくなりました。若い方が亡くなると平均寿命はぐっと下がりますので。ですから戦争で若い人が死ぬことが少なくなった。子供が予防接種のおかげで死亡率が低くなった。この二点が大きいと言われていますが、その他にも衛生環境の整備や栄養状態の改善などが影響していると思います。

一方で、その分、今回のテーマの〝あの世〟とか、あるいは死ぬということに対して、私たちはそれが遠い存在であるかのような毎日を送るようになりました。死ぬことが悪いことのような意識がおのずと根付いてしまったように思います。その背景の一端について図を示しますと、これは一九五一年から二〇一四年までの人々がどこで死んだかというグラフです。いわゆる死に場所ですね。一九五一年は自宅で死亡する人がほとんどでした。またこのグラフにはありませんが、生まれるのも自宅で出産するケースがほ

とんどでした。それが経済が成長するとともに変わっていった。一九七五年時点で完全に逆転しています。病院や施設で亡くなる方がだんだん伸びていき、逆に自宅で死亡する人の割合がものすごい勢いで減ってきています。

私たちは今、日常の中で人が誕生するのを滅多に見ることもできず、人が死ぬところも滅多に接することができないという環境の中で生きているわけです。入学したての医師や看護師の卵にも、人が死ぬのを見たことがないという人はいっぱいいます。それが果たしていいのか悪いのか、死というものが遠くなってしまった。だから、死が怖い。死んだらどうなるの。あの世はあるの。魂はあるの……そういうようなハテナばかりが襲いかかってきて、非常に恐怖に駆られてしまう面があります。果たしてそれでいいのかなということを、ふと思うわけです。

死に場所ぐらいは自分で選びたい、死ぬなら自宅でと大きな声で言いたいのですけれども、日本人はとても遠慮深いので、子供に迷惑をかけたくない、孫に迷惑をかけたくない、だったら自宅で死ぬのはよそう。それなら頃合いを見て施設に入りましょうといったケースがとても多いですね。自宅で死ぬための準備をいろいろしていたにもかかわらず、周りの家族は死にゆく人を見たことがないし、死ぬことがどういうことなのかよくわからない。生きるのは大変ですけど、死ぬのも大変なんです。死ぬ間際には少なからず苦しんだり、傍目には呼吸がすごく荒くなって苦しそうに見えるので、せっかく家で死のうと準備をしていたにもかかわらず、慌てて救急車で運ばれてしまう。そうすると死に場所は家ではなくなってしまうのです。

病院は、人の命をなるべく長くながらえさせる役割の場所なので、運ばれてきたら一生懸命延命治療をします。今の病院はなかなか死なせてくれません。本来病院は死に場所ではないからです。

そして一生懸命蘇生をすることで、その人が願っていた死に方とは全く違う様相になってしまう可能性が非常に高いです。それを何とかしなければということで、私自身少しでも死というものを考えていく姿勢や視点を持ちたいと思い、長く医学の世界に身を置いてきましたけれども、二〇一八年に得度をして僧侶となったという経緯があります。

武士の名誉——佐藤三郎兵衛嗣信の死に様

戦国時代の武将たちは、いつ死んでも構わないという覚悟で生きています。いつ敵が襲ってくるかわからない、食べ物に毒が入っているかもしれない。昨日の味方は今日の敵、身内であっても信頼できない、そういう武将たちに学ぶべきことはないのか、そこからスタートしたいと思います。

さて、武士の死に様ということですけれども、『平家物語』で取り上げられている有名な「屋島の戦い」で死を遂げた佐藤三郎兵衛嗣信の死の間際の様子です。

佐藤三郎兵衛嗣信という人は、判官源義経の家臣として戦に加わっているんですが、屋島の戦いで義経をかばって矢を射られ、瀕死の状態にある。そういう場面です。

「判官(はんがん)（義経）が、自分の身に代わって射られた佐藤三郎兵衛を陣の後方へと担ぎ入れさせ、馬から降り、手をつかんで〝三郎兵衛よ、三郎兵衛よ！〟と言われる。

〝三郎兵衛よ、どうなのだ、気分は—意識は—〟

〝今はこれまでと存じます〟苦しい息の下から答えが返る。

〝思い残すことはないのか、ないのか〟」

このように尋ねた義経に対する嗣信の答えが、これぞ武士の鑑として後世伝えられているわけです。

「〝なんの思いを残すことがございましょうか。ただ、君が━我が主の九郎様がじきに世に出て栄達されますのを見申し上げずに死にますこと、それぱかりは━心残りです。そのほかには何もございません。敵の矢に当たって死ぬことは、武士としてもとより覚悟の上、ただ、ただ、申し添えたいと思いますのは、私のことが末代までの物語にされれば━。源平のご合戦に奥州の佐藤三郎兵衛嗣信とか申した者が、讃岐の国の屋島の磯で、主君のお命に代わって討たれたと、こう物語にされれば━それは━ああ、現世での名誉。また、冥途の、冥途における思い、━思い出〟と言いながらも、みるみる衰弱した」

死ぬ間際にこれだけのことを言うというのはなかなか大変なことなので、やはりこれは後世に作られた、あるいは脚色された物語。もちろん実存する人物ではありますが、かなり脚色が入っていると思います。

では次です。みるみる衰弱していくわけですが、「判官は涙をはらはらと流した」。「『この辺に尊い僧は』とおっしゃられた。『おわさぬのか、者ども、捜せ!』尋ね出させた。（……）そして、現れた僧に向かってもうされるのだった。『手負いの者が今、今ここに息をひきとる。一日経をお願いするぞ、弔いをお願いするのだ』と頼み、さらに逞しく肥った黒い金に金覆輪の鞍を置いて、これを布施として僧に与えられたのだった。無名の馬ではない。この馬は判官が五位の尉になられたときに、五位の通称は、大夫であるからと、これもまた五位にして大夫黒と名付けられた一頭だった。しかも、例の一の谷の鵯越もこの馬で落とされている。その馬をこそ、布施にした。弟の四郎兵衛は泣いた。この場に臨んだ武士たちは全員が泣いた。『この君、九郎様というこの主君のおん為に命を失うことは、まったく露や塵ほども惜しくないわ』全員が言った。そして佐藤三郎兵衛嗣信がその遺言として望んだ「佐藤三郎兵衛嗣信の物語」は、たしかにここにある。ここに一篇の物語にされて、遺る。」

これは古川日出男さんが訳した『平家物語』です。この文章の中にいくつか、そうかと思うことがあります。

一つは、弔いをしたいから僧侶を探す。お経を唱えてくれと言って自分のかわいがっていた馬を布施にするという行為を、義経はするのです。しかし、この時代はほぼ鎌倉時代ですが、それ以前の平安時代においては、僧侶は全く弔いには携わっていませんでした。なぜなら、死体とか死というのは、「死穢（しえ）」という穢（けが）れなのです。穢れたものに近寄ってはいけないという僧侶のルールがありまして、それを時代がこのように下ると、もう僧侶に対して布施を出してまでお経を唱えてくれと義経は言っている。これは私から見ても、大きな変化を示しているなと思えます。

このセリフが後世に作られたものだとしても、ではなぜ作られたかと言えば、貴族の時代から武士の時代へという時代の入口にあって、武士たるものはこうでなければいけないという教えを物語の中に組み込んだのだろうと思います。案の定、いわゆるサムライ、武士道というものに、この佐藤嗣信の物語は根底に受け継がれていくのですね。武士たるものはこういうものだ、私利私欲と関係ない、そういうことを武士に求めたし、またそのような死に方が実に素晴らしいんだということを読み手にも与えた。後世に残るとても大きな物語をここで確立したなと私はとっています。

佐藤嗣信は死後の世界で報われると考えていたわけではありません。輪廻転生を信じていたから、静かに死を受け入れたわけでもない。この嗣信の死を大正時代の哲学者・加藤咄堂は、以下のように評価をしています。

「主従の義かくあるべきなり、と信じたるならり」「主君のために死すこれが唯一の目的なりしなり」「皆な死をもって天地の大霊に帰するがごとくに感じ」というふうに非常に高く評価する。嗣信の死は、以後、武士として生きる者たちのバイブルのようになり、長く語り継がれていきます。死を恐れない、死は怖くない、むしろ嗣信のように義をもって死ぬことは、武士やその子孫たちにとっては名誉そのものだと。ここで名誉という文字が明確に打ち出されてきて、日本人の精神性にピタッとはまった。現在、これを認めるというのではなくとも、「すごいな」という感覚は多かれ少なかれ皆さんにも残ると思うんですね。ある種の畏怖のようなものが、ずっと長く続いています。

辞世の句から読む死生観

次は、その義経を崇拝した上杉謙信の話です。これもまた後世に作られた錦絵の一つです。錦絵の真ん中が、義経をかばおうとして弓に射られ、転げ落ちようとする佐藤嗣信の図です。義経を崇拝した上杉謙信は、春日山城内の触書に次のようなことを書いています。非常に難解な文章で、いろいろと解釈があるのですが、

「運は天にあり　鎧は胸にあり　手がらは足にあり
いつも敵を掌に入れて合戦すべし　きずつくことなし
死なんと戦えば生き、生きんと叩けば必ず死するものなり
家を出ずるより　帰らじと思えば又帰る

帰ると思えばこれまた帰らぬものなり
不定とのみ思うに違わずといえど
武士たる道は不定と思うべからず
必ず一定とおもうべし」

ここには上杉謙信ならではの〝あの世〟観、いわゆる死生観と、武士たるものはこうでなくてはいけないということの両方が入っているかと思います。「運は天が決めるものであって、どうしようもないが、手柄は自分の足でつかむことができる」と言いつつ、「死ぬつもりで戦えば生き残り、生きようとして戦えば死が待っている」。あれこれ自分勝手な思いや欲を抱くほど、そのようにはならないということをズバリと言い切っています。かつ、最後は「武士たる道は不定と思うな」と、武士の生き方を説いています。逆説的ですけれども、この根底にはやはり佐藤嗣信の武士道みたいなものが流れていると思います。

そして時代はもっと下りまして、江戸時代に入ると大塩平八郎が登場します。大塩平八郎の乱といえば歴史上よく知られているエピソードです。大塩平八郎は江戸時代の陽明学者で、大坂奉行所の与力でもあり、多くの難事件を解決したことで知られています。天保の大飢饉によって多数の餓死者が出たにもかかわらず、大坂の米を江戸に送ってしまったり、豪商が米の買い占めに走ったりしたことで米の値段はますます高騰し、庶民は飢えるばかり。平八郎は幕府への反乱を企てるものの、裏切りにあい、最期は自分で用意した火薬で小屋ごと吹き飛ばし、自死にいたるということです。そのときに言い残したのが、次の言葉です。

「聖賢は、則ち独り天地を視て無窮となすのみならず、吾れ視ては以て天地と為す。故に身の死するを恨みずして心の死するを恨む、心死せざれば則ち天地と無窮を争ふ」

つまり心が澄んで天地と一体であれば、身体の死は恨み悲しむほどのことではない、との言葉を残したわけです。ここには体が死ぬということだが、心の誇り、自分のプライドというものに比べれば、体が死ぬことなど、どうということはない。学者とは思えないような武士の魂が宿っている言葉です。

かつて人々は死を恐れない何かを強く持っていました。その何かとは、佐藤嗣信のように主君への義であったり、あるいは大塩平八郎のような人としての矜持であったり、あるいは信仰であったり、名誉であったりする。果たして現在の私たちに死を恐れない、死を超える何かというのはあるのでしょうか。

例えば信仰で言えば、遠藤周作の『沈黙』という小説がありました。映画にもなりました。隠れキリシタンたちが幕府の役人に捕らわれ、踏絵を踏めと言われても彼らは踏まない。踏絵を踏まなければ殺されてしまうにもかかわらず、絶対に踏もうとしない。いったい死を超えたあの信仰というのは何なのだろう、と私はもうすごい感銘を受けました。得度をして僧侶になったきっかけは、あの映画であり、遠藤周作の小説だったんです。隠れキリシタンの狂気に近い信仰、死ぬのがわかっていながらも自分の信心を守ろうとするのは一体何だろうという疑問があり、今でもそれは私にとっての課題になっています。

三つ目です。宗教学者の鈴木大拙がこんなふうに〝あの世〟観を述べています。まず庶民の〝あの世〟観と武士の〝あの世〟観を分けている。

庶民の〝あの世〟観は、

「あぶだぶ（阿弥陀仏）と　喚べば、
答えて　御仏は
まくらの上に現れにけり」

南無阿弥陀仏、南無阿弥陀仏と唱えていれば、お迎えに来てくれますよというこれが庶民の〝あの世〟観ということです。仏教が入ってきたときは、仏教は国家を鎮護するための国のものでした。庶民にとって仏教が本当に庶民のものになるには、鎌倉時代をかなり経なければ定着しませんでした。仏教というのは、特定の人だけが信仰して入れる世界という時代が長く続いたのです。それを覆したのが、浄土宗の法然であったり、浄土真宗の親鸞が、南無阿弥陀仏と唱えるだけで極楽往生できると言ったんです。とんでもないことを言う奴らだと言って島流しにあうのですけれども、それでも庶民にとってはありがたい教えだった。つらいこの世から逃げ出して往生するためには、成仏するためには、南無阿弥陀仏と一心に唱えればできるんだという、まさに救いなわけです。それを引き継いで鈴木大拙はこのように説きました。

一方、武士の〝あの世〟観です。

「討つものも　討たれるものも
もろともに
如露亦如電、応作如是観」

戦国大名の大内義隆の辞世の句と言われるんですが、「如露亦如電、応作如是観」は仏教用語です。『金剛般若経』というお経からの引用になっています。室町時代後半に活躍した大内義隆は、尼子氏との闘いに敗れ、戦闘の気持ちを失ってしまいます。その後、配下の陶隆房に裏切られ、追われ、流れた山口県長門市で立てこもり自害して果てる。そのときに詠んだ歌というふうに伝わります。この「討つものも討たれるものも……」の意味は討つ方、つまり相手方（敵＝陶隆房）です。で討たれる方は自分です。どちらの人生も露や雷の光のようにはかないものだ、このあるがままの人生を受け入れよう、という意味です。武士たるものはこういう〝あの世〟観を持たなくてはいけないと鈴木大拙は、大内義隆の辞世の句から引用をして、〝あの世〟観を説きました。戦国時代ですから戦で息子や多くの人を失い、今や追われる身となった義隆の無常観、厭世感が漂うとともに、どこか人生を達観しているようでもあると。鈴木はこれを用いて、庶民にとっての〝あの世〟観と、武士の〝あの世〟観を比較して論じたというふうに思われます。

この辞世の句ですけれども、戦国武将の多くはいつ死んでもいいように、あらかじめ辞世の句を作っておくのが慣習化していました。それぞれいろんな辞世の句が残っています。ほかに二つぐらい紹介したいと思います。

一つは黒田如水、つまり黒田官兵衛です。

「おもひおく　言の葉なくて　つひに行く　道はまよはじ　なるにまかせて」。何の悔いもない、自分の一生は後悔することは何もない、迷わずこの身を任せよう、というような辞世の句にふさわしいものです。いかにも武将らしい潔い句かなと思ったりします。

また、女性も辞世の句を作りました。例えば、細川ガラシャという人は、こういうふうに言っています。

「散りぬべき　時知りてこそ　世の中の　花も花なれ　人も人なれ」。

細川ガラシャは明智光秀の娘です。戦国時代ですから政略結婚がしきりに行われまして、細川忠興のもとに嫁ぐんですけれども、明智光秀が謀反を起こし、その後細川ガラシャは自決するのですが、そのときに詠った歌です。ガラシャという名前のように、洗礼を受けてクリスチャンだったんですね。句の意味をいうと、世の中の花も、人も、どんなに美しく、あるいはどんな人生を歩んでいても、散るべきときを知っているからこそ美しいし立派なのだ。というような解釈だと言われています。散りぬべきとき、つまり今が死ぬときということですね。そういうことを知っているから、花も美しいし、人もよく生きることができるんだということで、三八歳のときに自決した。

そういうガラシャの歌を読むと、やはりそれなりの覚悟というものが見え隠れしています。今とは全く違うなということがわかるわけですが、こうした辞世の句は本当に本人が作ったものかどうかは、実ははっきりしていません。後世の誰かが作ったんじゃないかと言われているものもありますし、やはり本人が作ったのだろうと言われているものもあります。いずれにしろ、こうしたものから私たちは、自分の死生観なり、あるいは〝あの世〟観なりを考えるときに少なからず影響を受けているように思います。

死から遠ざかる現代人の死生観

おそらく皆さんの中には、大きな病気をしたことがある方もいらっしゃるのではないでしょうか。今は例えばがんになっても、すぐ死ぬわけではありません。早期発見ができれば、また元のように社会生活を送ることができます。ちなみに私も二〇〇八年と二〇〇九年に二度、がんにかかりました。二度目の二〇〇九年は再発だったのですが、さすがにそのときは、死というものが目の前にあるわけです。私は死んでしまうんだろうか、死んだらどうなるんだろう。そのとき初めて真剣に考えるんですよね。おそらく誰もががんだと言われて、あるいは余命はこれくらいと言われたときに、初めて真剣に他人事ではない自分の死というものを考えるものではないかなと思います。

自分の死を考えることを「一人称の死」と言います。しかし、多くの人は「三人称の死」にしか接していません。ウクライナでたくさんの人が亡くなったとしても、大地震が起きてたくさんの人が犠牲になったとしても、知らない人であれば、それはずっと他人事、「三人称の死」です。「二人称の死」というのは、とても身近な人、家族の死です。多くの場合は、愛する人や身近な人が死んで初めて死というものを意識します。その過程の中で、グリーフケアも含めた葬送の儀式があったわけです。ところが、今やそれさえも崩れかけています。では、一体どこで私たちは死を学ぶのかというと、もう自分が死ぬときしかないのです。私の場合、二〇〇八年、二〇〇九年と見事がんを克服して今に至るわけですが、今ではもうほとんど死のことを考えなくなってきました。病気になったときはあんなに考えたのに、喉元すぎれば何とかで、ほとんど考えない毎日を送っている。それでいいのかな?とふと思ったりもします。

現代の人々はどんなふうに〝あの世〟観、あるいは死生観を考えているのか。

作家の篠田達明さんは、『戦国武将の死生観』という本の中で、現代人にとって死は遠くなったと書いています。その要因として日本人の習性というものに触れています。「くさいものに蓋をする習性があり、人の死は醜く恐ろしいものとして目の前から覆い隠した」、「現代もなお死を隠蔽し、死者の姿をさらさない」、「桜のようにパッと咲き、パッと死ぬことを好み、物事を粘り強く熟考する習慣がない」、「めずらしいものを好み、新しがり屋で歴史を大切にせず、先人たちの含蓄ある死生観を顧みなかった」などなどの批判をし、その上で武士たちと現代人の〝あの世〟観を比較して次のように表現しました。

現代は「死んだらおしまいなのだから、生きている今を存分に楽しみたい」という若者が多くいて、それは否定できるものではないと思います。では武士の〝あの世〟観はというと、「人の一生は極めて短い。武士の臨終は人生の終わりではなく、そこから始まる永い来世へのとば口である」というふうに考えている。つまりこの世とあの世を明確に意識していて、この世の終わりは人生の終わりではない。たとえ死んだとしても、そこからまた長いあの世が始まるんだ、と信じていたのですね。あの世があるかないか、なんて考えたり悩んだりしない。あるに決まってるんだからということで生きていた、ということになります。

二〇一〇年に「朝日新聞」が二三二二名を対象に死生観、〝あの世〟観についてのアンケートを行いました。二〇一〇年というと今から一二年前です。（新型コロナ感染症が蔓延してから、もしかしたら私たちの〝あの世〟観や死生観は変わったかもしれません。）この朝日新聞のアンケート結果ほど大規模で広い年齢層を対象にしているものは他にありません。少々古いのですが、これを取り上げてみたいと思います。

調査の対象者は、二〇代～七〇、八〇代まで網羅されています。その点がアンケートのクオリティとして非常に大事なのです。その結果ですけれども、まず「死後の世界やあの世はあると思うか」という問いに対して、「あると思う」「ないと思う」「不明」という回答があります。「あると思う」という人は半数います。「ないと思う」と答えた人は半数弱です。ほとんど同じと言ってもいいかもしれません。

次に「あると思う」と答えた人に、では「死後の世界やあの世はどんなイメージですか」と聞

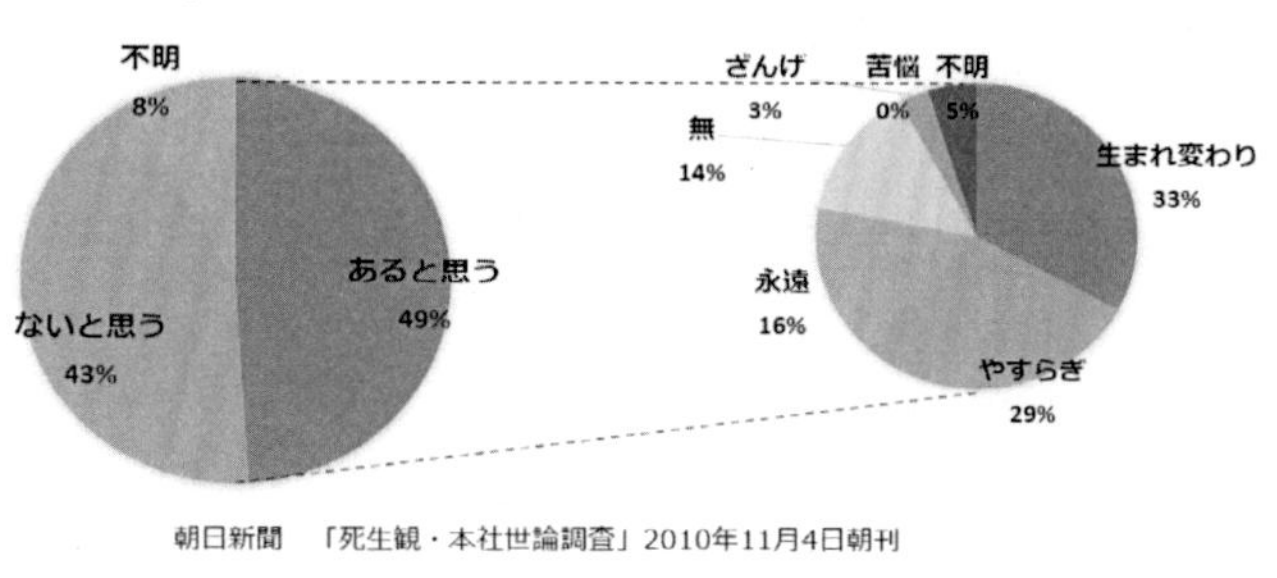

朝日新聞　「死生観・本社世論調査」2010年11月4日朝刊

いてます。そうすると「生まれ変わり」や「安らぎ」、「永遠」、そして「無」、それから「懺悔」「苦悩」と分かれました。生まれ変わりというのは輪廻転生ですが、仏教の教えで言えば、輪廻とは「六道」をぐるぐる回っているようなものなのです。人道、天道、阿修羅道、餓鬼道、地獄道、畜生道、この六つの世界を死んでは生まれ変わるというのが私たち。そこから解脱する、抜け出すことがいわゆる「悟り」と言われています。ですから、生まれ変わりというのは仏教においては苦痛、苦しみなんですね。でも、おそらくここで答えた人は、全く別の人間に生まれ変わるというイメージ、（仏教の世界では次は虫かもしれないのに）で答えているのだろうなと思います。ですから、「生まれ変わり」「安らぎ」「永遠」はどちらかというと良いイメージです。今が辛いから、あの世＝死後の世界に辛さを解決する何かを求めているのかもしれません。

「死は怖いですか?」という問いに対しては、「怖い」と答えた人が半数以上、「怖くない」と答えた人が三五%でした。「怖い」と答えた人は、一方で「自分の理想的な死の迎え方についてよく考える方ですか」と聞いたら、意外にも「あまり考えない」と答えた人が七〇%、「よく考える」という人は二〇%。決して若い人たちだけに聞いたわけではありません。六〇代、七〇代以上の人たちもいるにもかかわらず、「あまり考えない」という人が七〇%います。考えないから怖いのか、怖いから考

死は怖いですか？

不明 10%
怖い 55%
怖くない 35%

自分の理想的な死の迎え方についてよく考えるほうですか

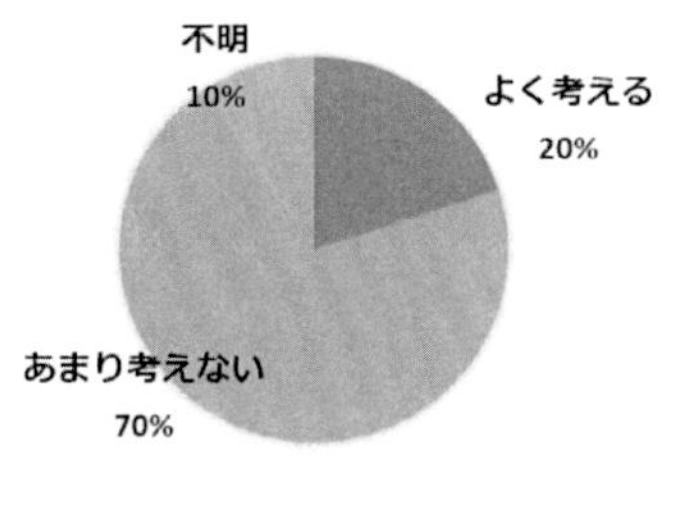

「死」という言葉を聞いて最初に頭に浮かぶのは？

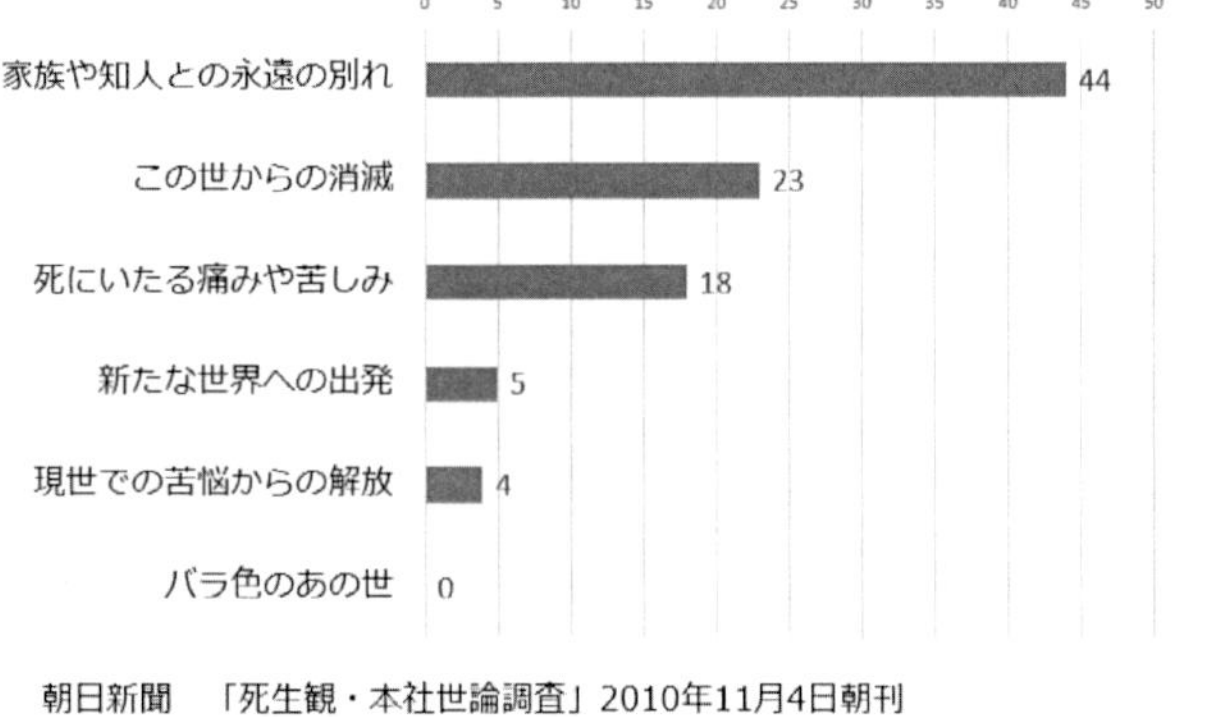

朝日新聞　「死生観・本社世論調査」2010年11月4日朝刊

えたくないのか、そこら辺はちょっとわかりませんが、このような結果です。

次に、「もしも今死ぬとしたらどの程度悔いが残りますか」。「大いに悔いが残る」が三三%、「ある程度残る」が三五%、合わせると七割の人が悔いが残ると言っています。あまり考えないから悔いが残るのかなとも思うんですが、「あまり悔いが残らない」「全く残らない」という人は三〇%ぐらいという結果でした。

では、「自分の死の迎え方について、できるだけ自分で決めておきたいですか」。できるだけそうしたいという人は四四%。そうは思わない人が約半数です。

それぞれの回答に整合性があまりないですね。怖いと言いながらもあまり考えず、自分の死の迎え方についても自分で決めたいとは思わない。やはり、それは〝あの世〟観や死生観がきっちりと確立していないからではないかと思います。また先ほども言いましたが、新型コロナを経験した今、同じ質問をしたら果たしてどんな答えが返ってくるかな、と少し興味深く感じたりします。

続いて「死という言葉を聞いて最初に浮かぶのはなんですか」というと、「家族や知人との永遠の別れ」「この世からの消滅」「死に至る痛みや苦しみ」「新たな世界への出発」「現世での苦悩からの解放」という答えが順に並び、「バラ色のあの世」というのはゼロでした。どちらかというと死は〝終わり〟というのが現れていて、総合的に見ると、現代人は死が遠くなってしまって、確固とした死生観や〝あの世〟観は持っていない人が多いのかなと思われます。あの世はないと現実的に思っているからこそ、死は終わり、別れ、消滅であり、その先には何もないと思ったりするのでしょう。皆さんはどのように思うのでしょうか。

現代人のあの世観・死生観

私は愛知医大の客員教授でもあるのですが、東京通信大学というところで、「死生学」を教えています。学生に対して、単位を認定するテストで学生に、あなたの死生観をまとめて書きなさいというテーマでレポートを書かせました。東京通信大学は働きながら大学に通う学生が多いオンライン大学なので一〇〇%インターネットを使っての講義です。働いてる方、主婦の方、リタイヤした方、年齢も二〇代から八〇代、九〇歳の方もいらっしゃいます。その方たちにこのテーマでレポートを書かせたのです。それを読むと、ものすごく面白くてびっくりしました。

戦国武将の時代から数百年の時を経て、寿命が延び社会が変われば、〝あの世〟観も死生観も変化するのは当たり前だなと感じたのです。いくら武士の死生観が素晴らしいものであっても、もう時代がまったく違うし寿命も違うわけで、今それを私たちが踏襲することは無理だなと。死生観が揺らいだり、〝あの世〟観がなかったり変わったりするのは、むしろ当たり前のことだなと改めて思いました。

レポートの抜粋ですが、「死生観はあるようで無いようなもの。死生観というしがらみから解放された後に残るものが私の死生観です」という内容だったり、「苦しみや悲しみは、自分自身が作っていることがわかり、この考えにたどり着きました。死も生も自然なことだ」というのがあったり、「残す人に迷惑をかけず、自分でできるだけの整理をしてきれいに旅立つ、というのが今現在の偽らざる本心ですし、それが自分の死生観です」「後悔しない人生を送らないよう、先祖の人たちに恥じることのないような有意義な人生を送りたいと考える。そして自分が死ぬ時に自分の周りの大切な人に自分の生き様をこの世に残し死を迎えたい」。

なかなか立派だと思いませんか。結局〝あの世〟観、死生観に正しい答えはありません。こうであるべきという論もないんですね。あるのは不確かで長い未来、不安定な心、移りゆく世界、そしてその中で育まれるのはたぶん、死生観の多様性ということなのだろうと思います。肝心なのは、自分なりの死生観を持つことで、そのために歴史を振り返り、私たちの精神性に根付く武将たちの死生観を学んでおくことは、決して無駄ではないと考えます。

先ほどの「死生観はあるようで無いようなもの」と書いてくれたレポートの全文を紹介したいと思います。

「入口があれば出口がある。光があれば影ができる。表があれば裏がある。生を考えることも死を考えることも同じことだと考える。無欲に生きるのも誉に生きるのも自由だが、目の前にあるものを見ていきたい。死生観はあるようで無いようなもの。死生観というしがらみから解放された後に残るものが、私の死生観です」

これ一〇〇点満点ですね。学生の様々な死生観に触れる機会を得て、多様性と言ってしまうと陳腐ですが、武士の時代のように非常に短い人生の中で「武士として」生きる・死ぬという、そういうものではない今の世界においては、人それぞれの人生があるわけです。それを自分の死生観に反映させることをご提案できたらいいなと思いました。

最後に、「お迎え現象」についてちょっと触れてみます。「お迎え現象」って聞いたことがありますか。死ぬ間際にあの世からのお迎えがあるという体験をした人は、およそ四割以上いるという研究結果があります。これは本人から聞いたわけではなく、周りで看病をしている人、家族から見て、そういえば亡くなる前におばあちゃん誰かと話をしてたよね、と。そうして、本人が亡くなった後に「お迎え現象を見たことがありますか」と家族の方に聞いたら、「あります」という答えが四割あったということです。

そういうことを病院で言うと、薬でおかしくなったんじゃないかと言われて、また新たな薬が増えるのでみんな言わないんです。でも、よく注意してみれば確かにあるんですね。私の両親もとっくに亡くなりましたけれども、とくに母親は亡くなる一カ月前、二カ月前にそれぞれお迎え現象がありました。夜中に寝ていると腕のあたりをトントンと叩く。ふっと見ても誰もいない。手だけが見えると言うんですね。でも話を聞いても母の様子を見ても、ホラーでも何でもない、怖くもなんともないんです。だって迎えに来てくれるんだから。もう余命もはっきりわかっておりましたので、その経験を経て一カ月後に旅立って行きました。ああ、お迎え現象があった、そのお迎え現象を体験すれば、八割の人はすごく穏やかにあの世に行けるというような……。これは立派な医学的な研究の一端ですけれども、そのようなことがあります。誰にも迎えに来てもらえなかったらどうしようと、今ちらっと思った方もいらっしゃるかもしれません。必ずお迎え現象に来てもらいたいと思いつつ、あの世へ行くのを楽しみにするのもまた、死生観のひとつといえるかもしれません。

まだ死をあまり考えたくないとか、あの世観、死生観が今ひとつだなという方は、辞世の句を作りましょう。いつ死んでもいいように、武将を見習って辞世の句を作ることが、自分の死生観や〝あの世〟観を見直す最も早い方法かなと思っています。

古代天皇陵をなぜミササギと呼ぶか

川崎　保（長野県埋蔵文化財センター）

ミササギとミソサザイ

私は長野県埋蔵文化財センターというところにいまして、遺跡の発掘調査をしています。遺跡の発掘調査では道路を作ったりして、どうしても遺跡を壊さなければならないことがあります。それをただ壊すのではなく、記録を取って国民の共有財産として活用することが私たちの仕事です。記録としての報告書は、何時代の何が出ましたなどと書いてあるのですが、調査しているのはロボットではなく人間ですから、遺跡のこの穴がお墓なのかゴミ穴なのか、勤務時間が終わったあとも二時間以上議論しているといった人間ドラマがあります。『信州発掘奮戦録』という本を読んでいただくと、報告書には決して書けないようなことが書かれています。興味がある方は、どうぞお求めになってください。

今日の本題は「古代天皇陵をなぜミササギと呼ぶか」です。天皇陵、つまり陵墓ですね。陵墓については律令の時代に整理されたので、果たして古墳時代にミササギというのが制度化されていたかどうかは、結論から言うとわかりません。ミササギという言葉はどうもあったようですけれども、それをいわゆる天皇陵だけに限定したかどうかはわからないのです。律令が整備されて以降は、いわゆる御陵、天皇もしくは準じる人たちのお墓です。

語義とか定義に関しては専門の古代史や考古学の先生におまかせするとして、一応（陵の）訓読みで「ミササギ」と言います。それがどうしてかというのもわかったようで、わからないのです。考古学および動物学の立場なんて言うと偉そうですが、私と共同研究者の梶田学さんという鳥類学者が二人で考えて、普通は「ミササギ」という言葉があってそれが鳥の名前になったとか、天皇の名前になったと考えられてきたが、そうではないと。ササギという鳥がいて、それがいる場所ということで大きな古墳をミササギと言うようになったという結論に至りました。

ではササギとはどんな鳥なのかというと、古代史に詳しい人ですと、ササギというと「鷦鷯（しょうりょう）」と書いてミソサザイのことだと。ミソサザイは日本で一番小さな鳴禽です。鳴禽は鳴く小鳥のことです。でも鷦鷯と言っていますが、それも違うんじゃないかという話をして、じゃあ何の鳥だということも今日お話ししたいと思います。

陵墓と天皇と鳥の名前の関係は

『日本国語大辞典』（小学館・一九七五年）を見ますと、ミササギの語源がいっぱい書いてあります。どれが正しいのか、間違ってるのかは私にはよくわかりませんけれども、結局ここに見えていることは、定説がないということです。「ササ」は「小さい」とか「捧げる」とか、いろいろな説明があります。朝鮮語のsasiの変化とか、聖域の意味とかもあります。それぞれみんな間違っていないし言葉の持つ意味というのは一つだけじゃなくて、ダジャレでもあるように、いろいろな言葉が重層的に重なってくるので、こうでなきゃいけないというのはなかなか難しいけれども、諸説あっていまだよくわかっていないということです。

その中で代表的なものを取り上げます。江戸時代後期に蒲生君平が著した『山陵志』です。「山陵」というのは帝王の墓で、本来普通のマウンドの墓というのは塚であり、葬るということが墓になって、とくに山陵を貴んで言うのがミササギだと。ササグル（奉）から来ているんじゃないかというのです。とくに根拠はなくて、蒲生君平はそういうふうに思ったということです。上野竹次郎も『山陵』という本で、「蓋し陵墓の称未だ厳ならざりしを知るべし」、厳しく限定してないことを知っていると書いています。今でこそ律令（大宝律令）ができた奈良時代以降厳しくなったけれど、それより以前は貴人の墓はミササギと呼ばれていたのではないか、と。そもそもは帝陵に限られるものではなかったのではないかなということを言っている。これもあくまで推測ですね。

「陵墓」と「天皇」と「鳥の名前」がどう関わってくるかということに関しては、これはこの論文を書いている人は知らなかったんです。辰巳和弘先生から励ましのお手紙いただきまして、そういう新説を唱えるのなら、ちゃんと学者を押さえておいた方がいいっていうことを教えていただきました。直木孝次郎先生の有名な論文「応神天皇の実在性をめぐって」がありまして、そこの最後にちらっと津田左右吉の説を引用をしています。巨大古墳と天皇の名前についてですね。いわゆる仁徳の名前がオホササギ、その仁徳陵は巨大古墳（オホササギ）なので（津田左右吉の時代には、今でいう大山古墳がイコール仁徳陵として疑うべきもない事実とされていました。）、オホササギ＝大きいササギと巨大な古墳は関係があるというのが津田左右吉の説です。鷦鷯の説話などが付会されたが、まずオホササギって言葉があって、次にササギが持ってこられたという説です。だから陵墓があってその次に、そういうところから鳥の名前と伝説が付会されたという津田の説というのは、正しいかは別として踏まえておかなければいけない。

時代が下って、和田萃先生が『天皇陵古墳』を出します。和田先生の説は逆に、オホササギという人の名前があってミサザキに転用されていった、と。私もこっちだろうと思います。天皇の名前が先で陵墓の名前が後。ちなみに仁徳とか応神はいわゆる奈良時代なので、当時は天皇と言われていなかった。オホササギ尊などと言われていたわけです。それから先ほどの辰巳先生の『風土記の考古学』の他にもいろいろ書かれていますけれど、「ササギ」という鳥の名は古代の天皇の名前に二度も用いられている。オホササギとワカササギと二回も出てくるのは偶然ではないだろう。これが、いわゆる中期の古墳、巨大古墳の時代に多いので、この時代は「鳥の王朝」だと述べられています。

一方で、これは森浩一先生に教えていただいたのですが、『日本書紀』の「皇極天皇紀」に、(もちろん『日本書紀』は飛鳥時代の終わりから奈良時代に完成した本ですから直接古墳時代の言葉が伝わってるかわからないのですが)、蘇我蝦夷と入鹿の墓を大陵(おおみささき)、小陵(こみささき)と呼ばせるとあります。これは蘇我氏がそれだけとんでもないということで、けなす内容として記紀が編纂された可能性もあるんですけれど、一応律令以前に陵墓あるいは大型の古墳をミサザキと一般的に呼んでいた可能性はあるんじゃないか、ということを教えていただきました。一概に文献で山陵とか陵をミサザキと古墳時代に読んでいたかどうかはわからないですが、可能性はあるかなという。そういう言葉があってもおかしくないのです。

ササギを探る

次に「ササギ」の語源です。ササギ＝ミソサザイ説は、『日本国語大辞典』もそうですし、それ以前にの平安時代ぐらいのいろいろな辞書にも出てきます。ショウリョウ、漢字で書くと鷦鷯と書いてサザキと読む。この鷦鷯という字は有名な『文選（もんぜん）』「鷦鷯賦と」に出てきます。それを日本語で「佐佐木」に当てるのです。ササギに近いのはミソサザイなので、ミソサザイの古名というのは定説化されました。『日本書紀』仁徳天皇の生誕時の鷦鷯命名故事などもあって、「鷦鷯、此云娑娑岐」、ササギというふうに出てきます。この辺に注目したのは辰巳先生や矢野建一先生で、古墳時代中期には「鳥の王朝」とでも呼ぶべき鳥に対する信仰を重視した王権の存在があったということなのでしょう。鳥の逸話がここに集中していることは間違いない。

『日本書紀』『古事記』ですと、とくに『紀』の方は、鳥類学者が見ても、よく鳥の習性を知っていると思います。ミソサザイはスズメより小さな鳥ですが、古代人は、今の我々の解剖学的な分析とは違うけれど、鳴き声とか生態に関して古代人はよく知っていた。

これをまとめますと、ミソサザイが王権、天皇の名になって、さらには古代古墳の名称になったというのが、ぼんやりと学会の定説みたいになってるのだと思います。

では、なぜ私はこの研究を始めたかというと、当時京都大学の動物学教室にいた梶田学さんから夜、いきなり電話をいただいたんです。実はミソサザイのことを聞きたかったのではなくて、私の妻の曽祖父が日本野鳥の会にとても尽力した人だったので、そのことで問い合わせがあった。それで資料や日記を提供するのに、京都に行くついでに会ってみようと思いました。私は大学は同志社大学なので、一年に一回ぐらい京都で集まりがあります。それでお会いして話をしたら意気投合しました。

梶田学さんはウグイスの権威です。そんなにすごい研究者から「ササギ（鷦鷯）は本当にミソサザイなんですか。なにか証拠があるんですか」と言われたときに、私は恥ずかしかった。ミソサザイを知らなかったからです。「ほかの鳥の可能性があるんじゃない？」と言われ、梶田さんには一定の結論があったようですが、それを考古学的にどう思うかと聞かれました。「いや、小鳥やスズメの埴輪なんて見たことがない」と言ったのですが、説得的だったのは、中国では鷦鷯は平野部にいないんですね。『文選』「鷦鷯賦」に出てくるのは、ミソサザイとは考えられない全然違う鳥です。ミソサザイは台湾の山奥とかヒマラヤとか、ヨーロッパでは「レン（Wren）」と言うのですが、とてもいっぱいいる鳥で、日本にもいる。だから、鷦鷯に限らず漢字であてたものと違う鳥だったりもするので、これもその類じゃないかということです。漢字の「鶯」という字も、ウグイスは中国大陸には本当にいませんから、日本のウグイスのことではない。違う鳥のことです。そういう間違いなんじゃないかと指摘されました。

それからもうひとつ、『紀』では「鷦鷯」と書くのですけど、『記』では今の日本語で「雀」と書くんですね。だけどスズメじゃな。『記紀』でササギと雀は区別しています。鷦鷯がササギで確定していって、和名と漢名の一致が『記紀』の段階ではまだ一定の見解がなく、動物名にはそういう混乱があります。『日本書紀』は古代漢語に忠実というか、オスとメスなんです。例えば「翡翠」という鳥がいます、セキレイのことです。「翡翠」の字の一方がオスで一方がメスです。麒麟、鶊鶊、ウは鸕鷀とあります。『記』はちょっと日本風というか、スズメは「雀」と、ウは「鵜」です。まだ表記が固まってないんです。

そうして調べていくなかで、台湾省立鳳凰台鳥園（フェニックス・バードガーデン）が『鳥與史料』という本を出していて、日本人が間違えているということが、文章で四ページぐらいにわたって丁寧に書いてあります。これによると中国の鷦鷯はPrinia（ハウチワドリ）という仲間の鳥なんです。似てると言えば似ていますが、日本で言う鷦鷯（Wren）も中国大陸に全然いないわけではなく、山蟈蟈（さんかくかく）といって台湾では海抜の高い山の中に住んでいて、「鷦鷯賦」に出てくるような家の近くの植木のところに巣を作る鳥では絶対ない。

中国で鷦鷯とされるハウチワドリのような鳥は、日本列島ではほとんど観測されません。だから日本にいたササギ（サザキ）という鳥は、漢字をあてるのに困った。ほかにもそういう日本の固有種のようなものには、どう漢字をあてるか困った。まだ『記』も『紀』も飛鳥時代ぐらいには表記が安定していなくて、ミソサザイ（「山蟈蟈」＝Wren）に日本にはほとんどいない「鷦鷯」（ハウチワドリ＝Prinia）という字が当てられた。そして『記』では、スズメの名前の「雀」の字を当てたのではないかと思います。ただこれでわかるのは、混乱しているにしてもササギはハウチワドリでもミソサザイでもない。それに似たような鳴禽です。小さい小鳥ということです。

鷦鷯の候補ですが、一つは本来の中国ではハウチワドリの仲間がたくさんいます。フェニックス・バードガーデンで紹介されていたアオハウチワドリも小さい鳥です。それから、さっきお話しした梶田学さんは、実は鷦鷯はウグイスだとしています。これも『鳥與史料』のなかでも言及されています。

そもそも日本の鳥の名前、『記紀』とか『風土記』に出てくるような鳥の名前には一定の法則があります。例えばハクチョウはクグイと言います。ニワトリはカケ、ホオジロはシトト、セキレイはツツ。クグイ、カケ、シトト、ツツ……、何かというと全部鳴き声になってます。クグイは、「コホー・コホ」と鳴く。カケは「コケコッコー」「クックドゥドゥル」ですね。シトト(ホオジロ)は「チチチッ」って感じですね。セキレイは「チチ、ツィツィ」と鳴く。聞きなしは人によって違うんですけど、音から来ている。ですからササギは、「ササ」もしくは「ツァツァ」みたいな鳴き声じゃないかということが予想されるわけです。

表1　鳥の古い名と鳴き声

鳥の名前	古名	鳴き声
ハクチョウ	クグイ	コホー・コホッ
ニワトリ	カケ	コケコッコー
ホオジロ	シトト	チチチッ
セキレイ	ツツ	チチ（ツィツィ）
小禽？	**ササギ**	**ササ・ツァツァ**

では、ミソサザイやウグイスはどうでしょう。ウグイスは「ホーホケキョ」で「ササ」とは鳴かないんじゃないかと思う方もいらっしゃるかもしれません。鳥の鳴き声は、さえずりと地鳴きに分かれていまして、さえずりはメスにアピールするための鳴き声、地鳴きはしょっちゅう鳴いている声ですね。ですからかなり違うんです。

ミソサザイのさえずりが、「ツリツリツリ……」みたいな声で、地鳴きの方は「ツェッツェッツェッ」って感じですね。ウグイスは、最初は「ホーホケキョ、ケキョ、ケキョ、ホーホケキョ」とさえずるんですけど、地鳴きは「ツェッツェッツェッ」って感じです。ミソサザイとウグイスは、地鳴きだけだと、日本野鳥の会のお墨付きがあるほどよく似ています。

では、ミソサザイはどのように名前が分岐していったかというと、学名の科・目とかそういう分類じゃないけれども、古代人なりの分類があったらしい。ホオジロの仲間をシトドと言うのですが、マシトドとアオジ、青シトド、青いホオジロですね。ツツもマツツという言葉はないんですが、鴿色のセキレイのことをアメッツと言っています。そうするとササギ、ミソサザイもササギの仲間という大分類の中に入っていて、ミソサザイは戸隠の山の中の渓流の細い流れの湿地なんかにいるんです。ミソ＝みぞ（溝）にいる。溝のあとのような湿地にいるササギなのでミソサザイ。あとシオサザイというのもいる。シオサザイは潮や海にいるササギだと。だからマササギですね、マは別にいるんじゃないかなというふうに考えられます。では何なのでしょうか。

ササギの生態と仁徳天皇誕生譚

ササギの生態と仁徳天皇誕生譚について話しておきますと、仁徳天皇が生まれたときに、お父さんの応神天皇（誉田天皇）が武内宿禰に言ったのは、仁徳天皇が生まれたときに木菟（ズク）＝フクロウみたいなものが于産屋に入ってきた。大臣も、実は家のやつがれの妻にも子供ができた。そのときは鷦鷯という鳥が于産屋に入ってきたと。木菟も鷦鷯も于産屋なんかに入ってくる鳥ではないので、だから吉兆だと言っているんです。これはもしかしたら作り話かもしれません。面白いのは、強そうな鳥なのでそのまま天皇の名前にすればいいのに、これをひっくり返すんですね。家臣の家の鳥は鷦鷯だったのに、鷦鷯の方を天皇の皇子の名前にして、木菟の方を木菟宿禰と言った。これが平群臣の始祖であるとを言っています。

梶田さんはここが気になったみたいです。ミソサザイは山奥にいて、ヨーロッパだと日本より寒いので町の近くにいるのですが、日本だったら奈良県のそのへんを飛んでいるような鳥じゃないのに、どうしてわざわざ付けたのか。そんなことを言ったら木菟だっていない。もしかしたら作り話なのだから、それが歴史的事実であって、それを鳥の生態だと言われても困ると思われたようです。

梶田さんは、これがウグイスだったら辻褄が合うとお話をされました。それで、これはある程度学問的に確かめる必要があると思いました。『風土記』や『万葉集』にはウグイスが出てくるんです。だからそんなに有名な鳥を、『記紀』の作者が無視したり間違えたりするだろうか。ウグイスが平安時代に大繁殖して、奈良時代にはあまりいなかったのだったら、そういうこともあるかなあと思うのですけれども。結論は、『万葉集』には、たくさんウグイスが出てきます。厳密には漢字の「鶯」が今のウグイスかどうかという問題はありますが、前後の関係からみて『万葉集』が編纂されたころウグイスはすでに定着していたわけです。ところが『記紀』にはウグイスが一つも出てこない。これは異常ではないか。『万葉集』では多く出てくる鳥なのに、そんなに日本人の価値観が変わってしまうのでしょうか。

そうではなくて『万葉集』や『風土記』と『記紀』の編纂時期は『記紀』の方が古いので、別の漢字表記になっていた可能性が大きいと思われます。ヒントは、アメワカヒコの葬儀です。鳥がいっぱい出てくるんですが、ちゃんと役割分担があります。とくに注目すべきは、「雀為碓女、雉為哭女」。『日本書紀』の方は「以雀為舂者、以鷦鷯為哭者」。『紀』は雀という字と鷦鷯を区別しています。前者は『紀』もスズメのことなんです。後者はやはりスズメじゃない何らかの鳴禽ということになります。

陵墓と鳥に関する伝承

陵墓と鳥に関する伝承はすごく多くて、仁徳天皇陵とモズ（百舌鳥）の話が有名です。地名になっているぐらいですが、読んでわかることは、仁徳天皇がモズになったんじゃないのです。たぶん土地の神がモズか何かに変わって祟ったみたいな話です。有名なのは、ヤマトタケルが亡くなって白鳥になったと。「白鳥」って書いてあるものもあれば、鵠（クグイ）になったというのもある。少し脱線しますけど、いま白鳥というとキグナス、スワンだと皆さん思いますが、漢字の「白鳥」というと白い鳥のことなんです。鵠がキグナス、スワンの方です。だから、「白鳥」と言うと白い鳥と言ってるだけだから、いわゆるスワンかどうかわからないんですが、鵠と出てくることもあるので、白い鳥という伝承もあったでしょうし、スワンになったという伝承もあったのでしょう。確かにヤマトタケルが亡くなって鳥になって、あの世に行かないで自分の故地へ戻っていこうとしたというようなお話があったのだと思います。

そうすると白鳥いわゆるスワンは、鵠っていう名前がありますのでササギの候補にはならないです。ササギとウグイスに関する直接的な話が、『出雲国風土記』の中にあります。同書には嶋根郡法吉（ほうき）郷という地名が出てきます。今の地元には、法吉小学校、法吉郵便局があります。法吉は法吉鳥という鳥の名前です。『出雲風土記』にも法吉鳥が出てくるんですが、ウムカヒメのミササギ（御陵）ということになっています。ウムカヒメという人が、伝承では亡くなってホウキ鳥になった、ヤマトタケルみたいに大和に行ったのではなくて、そこにずっといました、そこがミササギになった。（実際、現在移築されているが古墳があった。）そして、この土地がホウキ（法吉）になったという地名の発祥譚になっています。

あと有名な『枕草子』ですね。三つのミササギが出てきて、「うぐひすのみささぎ。かしはぎのみささぎ。あめのみささぎ」と。校注がいろいろあって、ある注釈本によると「うぐいすのみささぎ」を孝徳天皇陵、「かしはぎのみささぎ」を桓武天皇陵、「あめのみささぎ」を天智天皇陵としているのですが、他には仁徳陵を別名とするというのもあります。一番有名なのは、若草山で、鶯塚古墳が『枕草子』の「うぐひすのみささぎ」に比定する説があります。人口に膾炙していて、よく引用されています。江戸時代の享保一八年、地元の学者が編纂した『大和志』に、仁徳天皇の后の「磐之媛陵墓」とあり、石碑が現地にあるそうです。

このことを踏まえて、以前に森浩一先生が「鶯塚古墳のまわりにウグイスはいるか」とおっしゃられました。先生流の謎かけで、鶯塚古墳の可能性、「うぐひすのみささぎ」は、可能性ないかと言ってくれたんですが、奈良県に『環境データブック』（レッドデータブック）というのがありまして、若草山にいっぱいいることがわかりました。いることは間違いないです。あと群馬県高崎市にも鶯塚古墳があります。このように、他にも探せば鳥の古墳に関係あるものが出てくるかもしれません。どうも古墳とウグイスというのは相性がいい。それが逆に描かれていない、記述されていないというのはどういうことなのかというのは、謎が深まるばかりです。

考古学者としてやれることは、ウグイスじゃないですけど小禽ですね。鳴禽と思われる小さい鳥の埴輪がないかなと当時調べたんです。やっぱり群馬県にこういうことをやってる人がいるんですね。埴輪小像といって、埴輪にくっついている小さな鳥だけを研究している須藤宏さんという方がいらっしゃって、この人が長野県に遊びに来てくれました。その人から教えてもらったんですが、私正直、小鳥の埴輪なんてないかと思っていたら、あるのです。須藤さんが高崎市にいたので、高崎市だけ類例が多いのですが、つくば市のものなど三つ見に行ったんですけど、小鳥だというのはわかるんですが、専門外なのでミソサザイなのかスズメなのか、ウグイスなのかわからない。③番だけ羽の表現でこれだと思ったんですが、ちょっと難しいですね。古墳時代の人が白鳥の埴輪とか

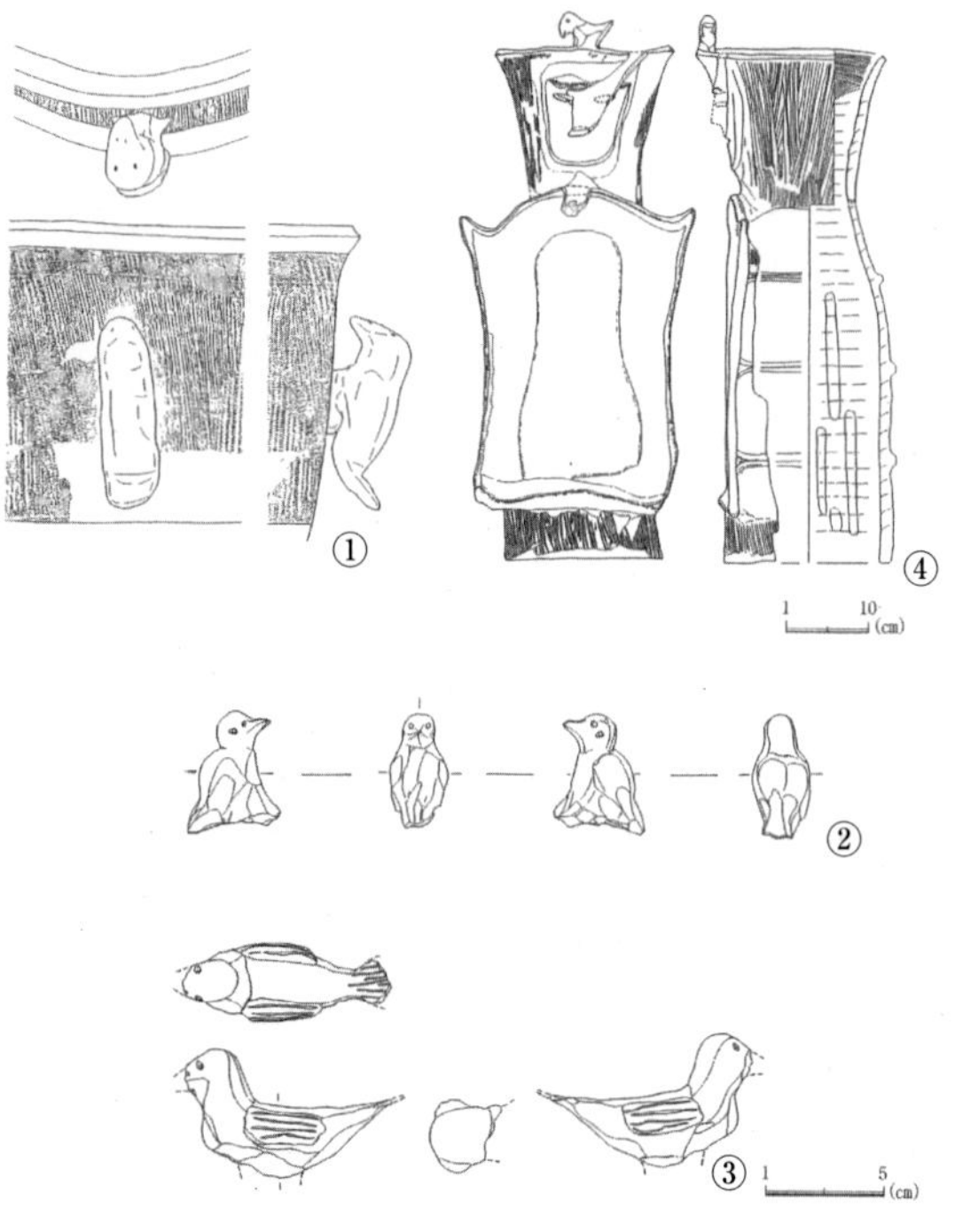

① 群馬県高崎市高崎情報団地 13 号墳 小鳥付円筒埴輪（5 世紀後半）
② 群馬県高崎市舞台 1 号墳 埴輪小像（5 世紀後半）
③ 群馬県高崎市綿貫観音山古墳 鳥形埴輪（6 世紀後半）
④ 茨城県つくば市中台 26 号墳 小鳥付人物埴輪（6 世紀後半か）

ニワトリの埴輪だけではなくて、こういう小禽も描いていたという証拠にはなるのかなと思います。

死んで鳥になるという死生観

貴人が小禽に変じた伝承をまとめますと、どうしてこういう話が出てきたかという一つのパターンがあります。

ヤマトタケルは、タケルがいた故郷は今の奈良盆地です。本拠地から遠く離れて、お兄さんとかお父さんに嫌われて、あちこちに遠征に行かされて本拠地から遠く離れたところで亡くなった。死んで鳥となって飛んでいった伝承でも、ヤマトタケルの場合はちょっと他と違うのかなと思います。

ヒコサシマ（彦狭島王）の伝説ですと、ヒコサシマ王というのは、長野県と群馬県に伝承があります。この人も奈良県出身で、『紀』だと群馬県で亡くなった。長野県で亡くなったという地元の伝承があり、そこでいったん御陵をつくってるんです。遠隔地で亡くなり葬られた後、改葬したみたいなことを言っています。本当にそうだったのでしょうか。骨になって持っていくにしても、大変なことです。例えば武田信玄が伝説では長野県阿智村あたりで亡くなって、三年も死を伏せて、後に改葬したというのも、遺骸を持っていくなんて簡単にはできないからです。そのときに、いったん葬ったものが鳥になって本拠地に帰りたいと思ったということが、ヤマトタケル伝説の背景にあるのかと思います。

ですから、さっきのウムカヒメですと、故郷から遠く離れたところで亡くなったわけではない。貴人が鳥になって変じたということは、仁徳天皇的なパターンではないでしょうか。こちらがミサザキに関係している。仁徳天皇が亡くなってどこか遠くへ、朝鮮半島や中国へ行ったというような話ではない。

その中ではどうしてウグイスを選んだかはまだわかりませんが、『万葉集』や『風土記』にあれほど描かれている鳥が一切なくて、メジャーな鳥がやっぱりウグイスの可能性がある。それがなんでミサザキになったか。これは牽強付会で、『令集解』とか『続日本紀』を見ると、奈良時代とか平安時代に、古墳が古墳を壊してるとは言ってませんが、山陵の中をとにかく木がたくさん生えるような条件、木を切っちゃいけないと言っている。『続日本紀』にもそういうことがあります。みな常葉の木を植えてと書いてあります。だから、むき出しになっているんじゃなくて、わりあい早い段階で、木が生えている状態になっている。

これは私の結論ですが、仁徳天皇の出生譚にあるように鳥に縁がある名前です。仁徳天皇以外もこの時期の人はメトリとかハヤブサワケとかの鳥と関係する名前が出てきます。死後、ウムカヒメのように古墳の近くにいる鳥に変じたかのように思われて、その墓所がミササギと呼ばれたのです。

ここからが、ようやく死生観と関わってきます。おそらく『日本書紀』の編纂後に相当古墳時代の文化を否定することがあったのではないかと思います。貴人は亡くなってササギになり、そのサザギのいるところはミササギである。それが後に「ササギ＝ウグイス」というのが忘れられて、奈良時代のころになると鳥とゆかりがあるということも全く忘れられてしまい、言葉だけが残って天皇などの有力者の墓所をミササギと言うようになったんじゃないでしょうか。

いろんな時代の資料から自分の好きなところだけをとって、牽強付会なところもありますが、ただ現地をいろいろ歩いていますと、ミソサザイを結構慣れないと見つけられないものです。ただ小さな鳥だけど、すごく大きな声をだすんです。ウグイスも「ホーホケキョ」と鳴くのは皆さんご存じですけど、山へ行くとウグイスは繁殖期以外は「ツェツェ」と鳴いているというのも、現地で見るとそれが観察できるんですね。古代人は「ホーホケキョ」以外も多分確実に知っているし、我々と違うけれども知的好奇心があって、いろいろ研究していたんじゃないかなと思います。

私としては古墳時代の素朴な、死んで鳥になるみたいな死生観が、奈良時代になって新たな宗教観が確立され消えていったと最近思うようになりました。ご清聴どうもありがとうございました。

あの世はさかさまの世界

――古代日本の喪葬儀礼と他界観

平林章仁（元龍谷大学文学部歴史学科教授）

古代の喪葬儀礼はどう行われたのか

〝あの世〟観から学ぶ、こういうユニークなテーマのシンポジウムは初めてです。喪葬儀礼・他界観からは、その時代の人びとが、人生最大の問題である「死」にどのように向きあっていたのかを読み解くことができます。すなわち、喪葬儀礼・他界観は、人間らしさ、心性が表出される重要な機会です。それは、時代、社会、個人の人間性を表象しています。学問だけでなく、人生の永遠の課題である、人間性や自己存在の意味ついて、探究することができるのです。

まず順序として、古代の喪葬儀礼がどんなふうに行われたのかですが、主に私がとりあげるのは古代仏教以前です。古代の人たちがどういう喪葬儀礼を営んでいたのかということを資料にあげました。

まず、「邪馬台国の喪葬」。『三国志』「魏書」東夷伝倭人条の記述を見てみましょう。

「其（そ）の死には、棺有るも槨（かく）無く、土を封じて冢を作る。始め死するや、喪を停（とど）めること十余日、時に当りて肉を食らわず、喪主は哭泣（こくきゅう）し、他人は就（つ）いて歌舞飲酒す。已（すで）に葬れば、家を挙げて水中に詣りて澡浴すること、以て練沐の如くす。その行来に渡海して中国に詣るには、恒に一人をして頭を梳らず、蟣蝨を去らず、衣服垢汚、肉を食らわず、婦人を近づけず、人を喪する如くせしむ。これを名づけて持衰となす。……中略……
卑弥呼、死するを以て、大いに冢を作る。径は百余歩、徇葬する者、奴婢百余人なり。」

「棺有るも槨無く」とあります。お棺はありますよ、だけど、槨＝外箱、それを取り囲むような棺を入れる部屋、そういうものは作りません。「土を封じて冢を作る」土もりを作って葬ります、ということです。二行目、「時に当りて肉を食らわず、喪主は哭泣し」。つまり喪主はお弔いの期間は、肉を食わないんだというわけです。そして喪主は「哭泣」する。声を上げてワァワァ泣くということです。場合によっては着物をはだけて胸を叩いて泣いたかもしれません。

これは儀礼です。家族が亡くなったら悲しい、だから泣くというのではない。儀礼としてそれを行う。「他人は就きて歌舞飲酒す」喪主以外の人は、お弔いのところへやってきて、お酒を飲んだりご飯を食べたり、あるいは歌ったり踊ったり、ドンチャン騒ぎとまではいかないけれども、これも儀礼として行います。今でも「精進上げ」と言いまして、お弔いが終わった後、お酒を飲んだり、ご馳走を食べたりします。歌ったり踊ったりはしませんけれども。ただ、古い仏教のお葬式では、歌こそありませんが、いろいろな楽器を奏でてお弔いをします。お坊さんがたくさん楽器を奏でるのです。鎌倉新仏教以前の旧仏教では、こうしたことが行われます

葬いを終わりますと「澡浴すること、以て練沐の如くす」。生き残った人たちはお弔いの儀礼が終わった印に、川へ行って水浴びをする。それからついでに言うと、資料の4行目に「恒に一人を

して頭を梳らず、蟣蝨を去らず、衣服垢汚、肉を食らわず、婦人を近づけず、人を喪する如くせしむ」という持衰という人物がいたと書かれています。中国、あるいは朝鮮半島に渡っていくときに、一人そういう人物を乗せていくということです。うまくいったらたくさんのプレゼントがもらえる。だけどうまくいかなかったり、暴風雨にあったりしたら、この持衰が慎まなかったからだとして海の神の生贄になるのです。

卑弥呼は亡くなりました。そうすると「径は百余歩」まあ百数十メートル、そういった大きなお墓を造りました。「徇葬する者、奴婢百余人なり」。日本の考古学では徇葬というもの、つまり中心的な人物、君主などが亡くなったときに一緒に死んで葬られ、あの世で仕えるという習俗はなかったんだと言われております。けれども『魏志倭人伝』はそういうことがあったんだと書いておりますね。これは『日本書紀』垂仁天皇二十八年十月庚午条あるいは三十二年七月己卯条などとも関連します。

●神話の中の喪葬儀礼

次にまいります。神話の中の喪葬儀礼です。神話の中でも神が亡くなってお弔いをしたと、そういうお話が『古事記』や『日本書紀』に出てまいります。

「天稚彦が妻下照姫、哭き泣ち悲哀びて、声天に達ゆ。是の時に、天国玉、其の哭ぶ声を聞きて、則ち夫の天稚彦の已に死れたることを知りて、乃ち疾風を遣して、尸を挙げて天に致さしむ。便ち喪屋を造りて、殯す。即ち川鴈を以て、持傾頭者及び持帚者とし、〈一に云はく、鶏を以て持傾頭者とし、川鴈を以て持帚者とすといふ。〉又雀を以て舂女とす。〈一に云はく、乃ち川鴈を以て持傾頭者とし、亦持帚者とす。鴗を以て尸者とす。雀を以て舂者とす。鷦鷯を以て哭者とす。鵄を以て造綿者とす。烏を以て宍人者とす。凡て衆の鳥を以て任事す。〉而して八日八夜、啼び哭き悲び歌ぶ。」（『日本書紀』神代紀第九段）

これは高天原ですね。高天原は神話の中での神々の世界、天の上にあると幻想されています。それに対して地上世界は葦原中国と言います。

その葦原中国へ天孫が天降る前に、葦原中国を平定するために天稚彦（天若日子・アメノワカヒコ）というのが派遣された。けれども、彼が任務を果たさずに亡くなってしまったので、お弔いをすることになります。天上世界にいるお父さんが風を起こして、天稚彦の死体を高天原に持ってきます。そうして喪屋、つまり特別にお弔いをするための建物を造って、そこで殯という儀礼をしました。殯というのは、おそらくは今日の通夜、埋葬する前の日に死者を悼む儀礼をします、そういうものに繋がっていくと考えられています。

これは大々的に行うわけではありません。ところが神話のことですが、「川鴈を以て、持傾頭者及び持帚者とし」、一説では「鶏を以て持傾頭者とし、川鴈を以て持帚者とす」というわけですね。「雀を以て舂女とす」。あるいは一説では「川鴈を以て持傾頭者とし、亦持帚者とす。鴗を以て尸者とす。雀を以て舂者とす。鷦鷯を以て哭者とす。鵄を以て造綿者とす。烏を以て宍人者とす。凡て衆の鳥を以て任事す」ということです。鳥がお葬式に参加した……、そんなことはありえません。おそらくこれは、それぞれの鳥に任じられた人たちが殯の儀礼の場でそういう仕事を職務としていた。それが神話的にここで語られているんだろうということです。

持傾頭者、よくわかりませんが死者の頭を支えるということでしょうか。持帚者、箒を持って掃除をするわけではなく、これは呪術的な意味合いがあります、ヨーロッパでも魔法使いが箒に乗って空を飛ぶように。日本では死者の魂を、喪屋から出ていかないように集めるわけです。舂女というのは、これはお米を籾殻から離し糠をとり、玄米、白米にしてご飯を炊き、死者にお供えするわけです。今でも枕飯と言いますね。そういったことをするわけです。

哭者は、これも儀礼として哭くわけです。つい近年まで朝鮮半島などでは、そういったことを職業にする人も多かったといいます。宍人者というのは、肉をお供えする。宍というのは肉のことです。古代では「肉」とは言いません、「宍」と言います。動物を捕獲しないと肉は得られません。今みたいにスーパーや肉屋さんがあるわけではありませんからね。造綿者、これは当時木綿があるわけではありませんから、真綿、つまり蚕ですね、蚕の繭を打って綿を作る。これをどんなふうに利用したのか、今ではもうわかりません。

『古事記』でも、同じようなことが行われたということが記されています。

「乃ち其処に喪屋を作りて、河鴈を岐佐理持と為、鷺を掃持と為、翠鳥を御食人と為、雀を碓女と為、雉を哭女と為、如此行ひ定めて、日八日夜八夜を遊びき。」。

『日本書紀』では「八日八夜、啼び哭き悲び歌ぶ」とあるところが、『古事記』では「日八日夜八夜」、八日八晩「遊びき」とに記しています。先ほどの穂積先生のお話でも「遊部」というものが出てきました。死者をお弔いするのに「遊び」とは一体何だろうかということです。これは今日の遊びとはずいぶん違うものですが、それはまた後ほどお話しします。

●殯儀礼と遊部

殯とは古代の喪葬儀礼です。喪屋という特別な施設を造りまして、天皇などは殯宮と記しておりますけれども、酒食を供え、哭泣・歌舞などの儀礼が行われたわけです。いわゆる大化の改新でそういうものを規制していこうという方向が出てきますけれども、天皇の喪葬の際は遊部だけはまだ行われたようです。そういったものを探る上で参考になるのが次の記述です。

髪を解き屍に跨りて三たび呼ぶ＝菟道稚郎子の死

「時に大鷦鷯尊、太子、薨りたまひぬと聞して、驚きて、難波より馳せて、菟道宮に到ります。爰に太子、薨りまして三日に経りぬ。時に大鷦鷯尊、摽擗ち叫び哭きたまひて、所如知らず。乃ち髪を解き屍に跨りて、三たび呼びて曰はく、「我が弟の皇子」とのたまふ。

…中略（太子は一旦蘇生し、大鷦鷯尊と会話）…

乃ち且棺に伏して薨りましぬ。是に、大鷦鷯尊、素服たてまつりて、発哀びたまひて、哭したまふこと甚だ慟ぎたり。仍りて菟道の山の上に葬りまつる。」（『日本書紀』仁徳天皇即位前紀）

「髪を解き屍に跨りて三たび呼ぶ」という、これは菟道稚郎子という応神天皇の皇太子であった人物が亡くなって、仁徳天皇がそのお弔いにやってきたということです。仁徳天皇は先ほど出てきた大鷦鷯尊という名前で登場しますけれど、彼は「摽擗ち叫び哭きたまひて」、儀礼として胸を打ちながら泣く。あるいは大きな声を上げる。そういう儀礼をして、「髪を解き屍に跨りて」、髪を普段束ねていたんでしょう、それをばらばらに解いて、死体に跨って死者の名前を呼んだ。これで蘇るかというと蘇りません。もう亡くなってるからそういう儀礼をするわけです。

これは蘇りを願う儀礼だと解釈する向きもありますけれども、それは正しくありません。もう亡くなってるんですから、儀礼として行うわけです。あなたが亡くなったのは悲しいよ、蘇ってほしいよという気持ちを死者に伝えているわけです。

そうして「素服たてまつりて、発哀びたまひて」ということです。麻の布を着る、服を着ると。つまり白い服、喪服です。今は喪服は黒ですけれども、これはつい最近のことでして、少し前までは、麻の白の喪服を着ました。私が生まれた村にもお寺にその一式がありまして、子供の頃、お寺へ行ったら「何でこんなものが置いてあるんだろう」と思ったりしました。大きくなって、こういうことを勉強するようになると、あれはお葬式に着るものだったとわかりました。実際にそういった麻の喪服を着て、土葬ですから棺をお墓まで運んで行く。そういったものを子供の頃には目にすることもあったわけです。

新羅からの弔問＝允恭天皇の死

「戊子(14日)に、天皇崩りましぬ。時に年若干。是に、新羅の王、天皇既に崩りましぬと聞きて、驚き愁へて、調の船八十艘、及び種種の楽人八十を貢上る。是、対馬に泊りて、大きに哭る。筑紫に到りて、亦大きに哭る。難波津に泊りて、則ち皆、素服きる。悉に御調を捧げて、且種種の楽器を張へて、難波より京に至るまでに、或いは哭き泣ち、或しは儛ひ歌ふ。遂に殯宮に参会ふ。」（『日本書紀』允恭天皇四十二年正月戊子条）

朝鮮半島の南東部にあった古代国家・新羅から、允恭天皇（五世紀中頃の天皇）が亡くなったときにお弔いの使者がやってきました。彼らはどうしたかというと、楽人八〇人を立てます。つまりお弔いに音楽をする。歌ったり踊ったりするのです。そして対馬にやって来て、「哭る」。対馬でも大きな「哭」くという儀礼を行う、あるいは「素服を着る」、白の麻の衣服に着替える。「種種の楽器を張へて」、楽器をそれぞれ演奏しながら「哭き泣ち」歌い舞う、と。「遂に殯宮に参会ふ」ということです。

これは新羅、つまり朝鮮半島の使者ですから、我が国はそんなことはしていない、とは言えないんですね。継体天皇の二十四年に朝鮮半島に使者として行って帰ってきた近江毛野臣という人が病気で亡くなった。近江、滋賀県の出身です。屍を船に積み淀川をさかのぼっている時の、「枚方ゆ笛吹き上る　近江のや　毛野の若子い　笛吹き上る」、こういう歌が残っております。笛を吹きながら棺を積んだ船が淀川をさかのぼっていったわけです。こういった喪葬儀礼には中国や朝鮮からの影響も、いろいろと入ってきていることは確かです。

蘇我・物部の対立＝敏達天皇の広瀬殯宮

「秋八月乙酉朔己亥（15日）に、天皇、病弥留りて、大殿に崩りましぬ。是の時に、殯宮を広瀬に起つ。馬子宿禰大臣、刀を佩きて誄たてまつる。物部弓削守屋大連、听然而咲ひて曰はく、「猟箭中へる雀鳥の如し」といふ。次に弓削守屋大連、手足揺き震ひて誄たてまつる。馬子宿禰大臣、咲ひて曰はく、「鈴を懸くべし」といふ。是に由りて、二の臣、微に怨恨を生す。」（『日本書紀』敏達天皇十四年（五八五）八月己亥条）

これは蘇我馬子と物部守屋の対立が深まったという有名な記事でもあります。敏達天皇が亡くなって広瀬というところで殯宮を造って殯儀礼を行った、そのときのことです。蘇我馬子は「刀を佩きて　誄たてまつる」。つまり刀を腰にぶら下げたまま（古代は腰に差すのではなく二本のひもでぶら下げます）、誄をたてまつる。これは弔辞と言いましょうか、亡くなった敏達天皇を悼む言葉を述べたということです。それで物部守屋は蘇我馬子に対して「猟箭中へる雀鳥の如し」、つまり狩りで矢を射られたスズメのようだと言ったのです。殯宮の敏達天皇の棺の前に進んでいくときに、蘇我馬子は一歩ずつ進んだのではなくスズメのようにぴょんぴょん跳ねて進んでいったわけです。これはおそらく、新しく中国から入ってきた喪葬儀礼だと私は理解していますけれど、それを物部守屋は、スズメみたいに不格好だと、ちょっと馬鹿にしたわけです。

そして物部守屋が誄をした。「手足揺き震ひて誄たてまつる」。物部守屋は、手足を震わせて誄を言ったわけです。そうすると蘇我馬子は、「鈴を懸くべし」、鈴をかけたら面白いだろう、ちゃらちゃらチリチリと鳴るだろうと馬鹿にした、それで対立が深まった。これもおそらく緊張して手足が震えたのではなく、意図的に手足を震わせる仕草をしたということです。中国の儒教の礼典『礼記』にそういう喪葬儀礼の仕草が書いてあります。おそらく、そういったものの影響だろうということです。

天武天皇の殯宮儀礼

「丙午(9日)に、天皇の病、遂に差えずして、正宮に崩りましぬ。

戊申(11日)に、始めて発哭る。則ち殯宮を南庭に起つ。

辛酉(24日)に、南庭に殯す。即ち発哀る。是の時に当りて、大津皇子、皇太子を謀反けむとす。

甲子(27日)の平旦に、諸の僧尼、殯庭に発哭りて乃ち退でぬ。是の日に、肇めて奠進りて即ち誄る。

…中略（連日の発哭・誄）…

丁卯(30日)に、僧尼、発哀る。是の日に、百済王良虞、百済王善光に代りて誄る。次に国国の造等、参赴るに随ひて、各誄る。仍りて種種の歌儛を奏る。」（『日本書紀』天武天皇朱鳥元年（六八六）九月条）

天武天皇が亡くなりました。そのときにも非常に長期にわたるお弔いをするわけです。殯をします。例えば、この十一日には「発哭る」、儀礼としてみんな哭く儀礼をする。宮廷の南の広場、これは宮殿内の場所、浄御原宮のところですけれども、殯宮というものを造る。そして何回もそういった哭く儀礼を行います。それから二七日になって「奠進りて」、お食事を天皇に対して（天皇の死体ですけれども）お供えをすると。あるいはその翌日三〇日、「種種の歌儛を奏る」、いろんな種類の歌や舞を、棺の前で演じたということです。そういう儀礼を行っています。

遊部の殯宮奉仕

殯宮での遊部については、穂積先生が詳しく紹介されましたので、私は簡単にしておきます。

「あそび」というのはですね、例えば今日の神楽は、これは古くは「神遊び」と言っていました。神様を喜ばせる儀礼という意味です。それで遊部というのは何かと言うと、死者の魂、霊魂を遊ばせる、つまり喜ばせる。そういう儀礼です。

『令集解』喪葬令条によれば、「刀を負い戈を持した禰義と、酒食を持ち刀を負う余比が、殯宮に供奉して死者に秘密の言辞を述べる」とあります。禰義と余比という二人の人物が、「酒食を持ち刀を負い」。先ほどの資料でも蘇我馬子が刀をぶら下げてとありましたが、どうして武具を身に着けるかというと、死者の霊魂というのはまだ安定していないわけであり、大層恐ろしいものです。だから武装するわけです。それが恐ろしいものにならないように、遊部が奉仕するわけです。そして秘密の言葉を述べる。どんな言葉を述べたのかよくわかりませんけれども、その目的は「幽顕の境を隔て凶癘魂を鎮める」ことにあると。つまり、死んで荒ぶった状況にある死者の霊魂を鎮めて、あの世とこの世の境をきっちりと定めるために遊部というものが奉仕する。「野中古市人の歌垣の類」と同様であるとも記しています。歌垣と同じような宗教的な機能があると言っている。つまり歌垣の場合は神を楽しませて遊ばせるということで、そういう点で共通性があると理解するべきだと私は考えております。遊部は、生者に災禍を及ぼすものとして怖れられた死者の霊魂、この世に未練を残して荒ぶる霊魂を、楽しませ和らげて（遊ばせて）鎮めることで、速やかに冥界へ赴かせるための呪儀を行っていたのです

では秘密の言葉は、どんなふうに言ったんだろうかということですけれども、次の資料が参考になります。

「最後に其の妹伊邪那美命、身自ら追ひ来りき。爾に千引の石を其の黄泉比良坂に引き塞へて、其の石を中に置きて、各対ひ立ちて、事戸を度す時、伊邪那美命言ひしく、「愛しき我が那勢の命、如此為ば、汝の国の人草、一日に千頭絞り殺さむ。」といひき。爾に伊邪那岐命詔りたまひしく、「愛しき我が那邇妹の命、汝然為ば、吾一日に千五百の産屋立てむ。」とのりたまひき。是を以ちて、一日に必ず千人死に、一日に必ず千五百人生まるるなり。」（『古事記』黄泉国）

これは黄泉国の伊邪那美と伊邪那岐のお話です。殯の場所でのシーンを神話化したものですが、「事戸を度す時」、伊邪那美が千人を殺すぞ言えば、伊邪那岐がいや千五百人産むから大丈夫だと言ったとあります。この「事戸を度す」、これこそが秘密の言葉ではなかったかと私は考えています。つまり、もうあなたはあの世の存在になったんだから、この世に戻ってきては困ると。死者の霊魂が生きている人の誰かに乗り移って悪さをすれば、病気になったりする。それは困るので、あなたはあの世に居てください、もうこの世に戻らないでください、というのが「事戸を度す」であったのだろうと思われます。

屍は船に載せて陸地を牽く

「死者は斂むるに棺槨を以てし、親賓、屍について歌舞し、妻子兄弟は白布を以て服を製す。貴人は三年外に殯し、庶人は日を以てトして瘞む。葬に及んで屍を船上に置き、陸地これを牽く。あるいは小轝を以てす。」（『隋書』東夷伝倭国条）

そして死者は葬られます。お墓のことは考古学の専門ですけれども、その葬るさまで面白いと思ったのは、「屍は船に載せて陸地を牽く」というところです。『隋書』倭国伝、つまり聖徳太子や推古天皇の頃で、死者の棺は船に乗せてお墓まで運ぶ、あるいは輿に乗せることがある、ということです。このときの船の様子が、これより時代のさかのぼるものが奈良県広陵町の巣山古墳から一部出ていまして、だいたい推察できるわけです。今でも天皇の棺は「棺」とは言いません、「フネ」です。より古いものを引きずっております。そういうふうな弔いをしていたのです。

古代の他界観念と霊魂信仰

それでは、あの世とはどんなところだろう、葬られたらどうなるのだろう。今日の私たちは一元的な法の下に生きているからわからない。けれども「成文法」つまり文字で書かれた法ができる前の古代は二元的な世界、「宗教法」と「世俗法」という二つの秩序があった時代です。「大祓詞」というものが『延喜式』に載っています。これは九二七年にできた法律書ですけれど、今でも六月の晦日に茅の輪くぐりをしますね。これ一二月の晦日にもする決まりがあったんですけど、そのとき唱える言葉が決まっているわけです。その言葉が載っています。

「天の益人等が過ち犯しけむ雑雑の罪事…天津罪…国津罪…」

つまり、茅の輪くぐりで祓うのは天津罪とか国津罪であると。罪は穢れではありません。穢れという概念は当時はまだありません。罪を祓う、罪を除く。これは世俗的な罪ではありません。例えば私が人の物を盗んだ場合、窃盗になります。そうしたら茅の輪をくぐったらその罪がなくなるかというと、そんな馬鹿なことは古代においても起こりえません。これは「宗教法」、宗教的な秩序を犯したことの罪です。

その宗教的な秩序に基づけば、あの世というのはどんなところだったかというと、逆さまの世界です。この世が全くひっくり返った逆さまの世界。これはわが国だけではありません。古い時代は世界中がそうだったわけです。

ロジェ・カイヨワというフランスの思想家は、この世とあの世は全く別の二元的な世界、論理・秩序が逆転した世界と観念されていたと書いています。また、フィンランドの宗教学者ウノ・ハルヴァは『シャマニズム』という本に、アルタイ系の諸民族ではあの世というのは逆さまであると記しています。（「そこは地上とまったく同じように太陽も月も輝き、動物も植物もそっくりである。ただ一つだけの相違点は、総てが地上とは逆さになっていることである」（ウノ・ハルヴァ、田中克彦訳『シャマニズム』）。

人類学者ジョーン・ハリファクスも、「冥界、死者の領域は生ける者の世界とよく似ているものの、すべてが逆さまに裏返っていることが違う。死は生の反転である。シベリアのサモエード系諸族の伝承では、樹は逆さまに生え、太陽は東に沈んで西に昇り、河は逆様に流れていて、すべてが逆転している」と述べています（ジョーン・ハリファクス、松枝到訳『シャーマン』）。さらに宗教史学者のミルチャ・エリアーデは、「聖所、神の住まいとしての宇宙木、世界の中心としての宇宙木は〝逆さまの木〟である。この木は豊饒神と文明化する知識の住まいであり、母であり、豊富・家畜・農耕の女神の休息所であり、聖木は明確な宇宙論的意味をもっている。こうした観念は古代オリエント・インド・ヨーロッパなど広範に認められるが、（ラップランドの…注・平林）サーミは毎年、植物神のために牡牛を供犠にするが、その際に一本の木が根を上に梢を地面に向けて、祭壇のそばに置かれる。オーストラリアのウィラデユリ族やカミラロイ族では、妖術師が魔術の木をもっていて、それを逆さまに植える」（ミルチャ・エリアーデ、久米博訳『豊饒と再生　宗教学概論2』）と多くの事例を示して述べています。

わが国の古代社会もその例外でないことは、素戔嗚尊（須佐之男命）が天照大神の斎服殿（忌服屋）へ天斑駒を生剥・逆剥にして投下する神話や、大嘗祭関連の多くの建築が青草の逆葺き・黒木柱であることなどに関わり、明らかにしました（平林章仁『神々と肉食の古代史』吉川弘文館、二〇〇七年。平林章仁『「日の御子」の古代史』塙書房、二〇一五年）。

日常とは異なる時空であることの明示のために、祭祀や喪葬での所作は反対の方法で行われたのです。それは、神々や死者の棲むあの世はこの世と逆転した世界と観念されていたからで、その所作は日常とは反対の方法でなされなければならなかったのです。逆なのは、神々・死者の世界の、神々・死者のやり方だったのです。今日でも経験することですが、祭祀や喪葬の際に、世俗・日常には禁止されている行為が特別に許され、かえってその行為が推奨される場合があります。死者の枕元に屏風を逆さまに立てることもそうで、なぜ逆さに立てるのか誰も説明はできなくなってきましたけれども、そういった時代がずっと長く続いていたということです。

日常世界における宗教的禁止を意味するタブー（taboo）・禁忌が、この宗教法に基づいていることは明白です。神聖不可侵な領域であるアジール（asile）・禁足地とは、世俗法が適用されない、常にこの宗教法の下にある聖地のことです。

古代の霊魂思想

最後に、古代の人たちは霊魂というものをどう考えていたのか。なかなかこれは難しいですけれども、『万葉集』にこういう歌があります。中臣朝臣宅守(やかもり)が佐野の弟上娘子(おとがみのおとめ)を娶った時に罪を得て越前国に流罪になり、天平十一年（七三九）から十二年頃に離別の悲しみを六十三首の歌にして贈答しました。これはその娘子の歌二十三首の中の一首です。「魂は朝夕に(たましひあしたゆふべ)多麻布礼杼(たまふれど)吾が胸痛し(あむねいた)恋(こひ)の繁き(しげ)に」、鎮魂の古訓であるタマフリに関わると考えて、「遠く離れたあなたを恋う思いのため胸が痛んで、病気のような状態にある。そこで朝な夕なタマフリをして、タマシイを振り起こそうとするが、いっこうに効果がない」ということを訴えたものと解することができます。『万葉集』の歌を詠んだ人たちも、霊魂の存在を信じていたようです。

霊魂観念の内容は、民族、文化、宗教などにより多種多様であり、定義はきわめて難しいことですが、概ね次のように要約できるでしょう。それは、人間や動物、山川草木虫魚だけでなく、人工物などにも宿ると信じられた超自然的存在であり、アニミズム（霊的存在）観念に包含されます。日本では、人間に宿る霊魂はタマ、それ以外に宿る霊魂はモノ（精霊）と称しました。また、霊魂はその威力が衰退していくものであって、衰退すれば宿主から遊離すると考えられ、生老病死をタマの働き、天変地異の発生をモノの作用と関連づけて説明されました。

たとえば、霊魂が衰退すれば宿主の体力も弱くなって病気になり、遊離すれば死亡にいたる、と解されました。すなわち、霊魂が自然や人間を含む万物に存在感を与えていると考え、それゆえに霊魂の操作、たとえば排除したり憑依させたりすることで、病気からの恢復や社会の安寧を確保することができる、と信じられたのです。そうした観念に基づいた呪術的儀礼が天変地異や生老病死に際して催されたのです。

霊魂を取り込んで〝人〟になる　鳥霊信仰

そして、この霊魂は自在に自由に動き、じっとしていないのです。古代の人たちは、その霊魂を取り込んで人間になる。霊魂がなくなれば死んでしまう。それではどうやって霊魂が人間に入ったり出ていったりするのか。これは鳥が運んできたり、鳥になって出たり入ったりするということです。

「初め天皇生れます日に、木菟、産殿に入れり。明旦に、誉田天皇、大臣武内宿禰を喚して語りて曰はく、「是、何の瑞ぞ」とのたまふ。大臣、対へて言さく、「吉祥なり。復昨日、臣が妻の産む時に當りて、鷦鷯、産屋に入れり。是、亦異し」とまうす。爰に天皇の曰はく、「今朕が子と大臣の子と、同日に共に産れたり。並に瑞有り。是天つ表なり。以為ふに、其の鳥の名を取りて、各相易へて子に名けて、後葉の契とせむ」とのたまふ。則ち鷦鷯の名を取りて太子に名けて、大鷦鷯皇子と曰へり。木菟の名を取りて、大臣の子に号けて、木菟宿禰と曰へり。是、平群臣が始祖なり。」（『日本書紀』仁徳天皇元年正月己卯条）

これは先ほど川崎先生のお話でも出てきました「産殿」、つまり身分の高い人は出産用の施設がありますが、そこに生まれるとき木菟、ミミズクが入ってきた。あるいは鷦鷯、私はミソサザイと思いますけど、それが産屋に入ってくる。こんなことは実際ありえないわけですが、どういうことかというと、人間としての霊魂を注入しなくてはいけない。だからミミズクやミソサザイを模した、おそらく木で作ったものか何かが出産の場に置いてあるわけです。これはミミヅクやミソサザイが新生児に〝人〟の霊魂を運んでくる、ないしは新生児のもとに〝人〟の霊魂がそれらに化して飛来するという呪術的観念に基づいて、それらに見立てられた鳥形呪具を用いた出産時の儀礼が、こういう説話になっている。

だからヨーロッパで、赤ちゃんはコウノトリが運んできますなんていうのも、そういった信仰があって説明が行われているわけです。

『古事記』『日本書紀』の神話では、神武天皇のお父さんが産まれるときに、鵜の羽で産屋を葺きました。「鵜葺草葺不合（ウガヤフキアエズ）」これもそういう信仰の表れです。

名前を取り替えるのは「易名儀礼」と言って、交易の「易」、貿易の「易」です。これは臣下と主君の関係を深める意味合いがあるわけです。

出産とは反対に、死亡は身体からの霊魂の離脱、飛翔と観念されました。ヤマトタケルノミコト（日本武尊）は死後、白鳥になって天空に飛翔したと伝えられます。ただし、そのことにより墳墓には屍が無かったというのは神仙思想（不老長生を理想として希求する中国の民俗信仰）に基づいた尸解（しかい）仙（せん）説話の要素です。屍がなくなって、仙人になってあの世で生きていく、そういう中国の神仙思想をもとにして説話化したものです。そういった神仙思想も早くから我が国に入ってきております。『日本書紀』仲哀天皇元年十一月乙酉条に、「父の王、既に崩（かむさ）りましぬ。乃（すなは）ち神霊（みたましひ）、白鳥と化（な）りて天に上（のぼ）ります」とあるように、屍ではなく、その神霊（霊魂）が白鳥と化して天上に飛翔したと観想されています。おそらく、白鳥や鳥形呪具を用いて、死者の霊魂を速やかに他界へ送る呪術的な喪葬儀礼が説話化したものと思われます。ちなみに、聖徳太子（廏戸皇子）の片岡山遊行説話もこの尸解仙の物語です。『日本書紀』推古天皇二十一年（六一三）十二月庚午朔条に見えます。これは、尸解仙物語を用いて聖徳太子の偉大さを示そうとしたものです。

実際に、鵜がそういった古代の喪葬儀礼に用いられた例があります。日本海の響灘に面した山口県の土井が浜遺跡から胸に鵜を抱いて葬られた遺構が出ています。和歌山県からはアジサシを抱いたものが出ています。喪葬儀礼にも用いられたのは、鳥霊信仰、鳥を霊的な動物として信仰するところから来ています。

こういうお話をしていますと、ある場所でお葬式のときに鳥を放つのを見たことがあるという方がいまして、私は「あっ、今でもしているんだ」と思って日本で一番大きな葬儀会社に尋ねてみました。そうすると、大阪府の南部とか三重県ではそういう需要が多いですと。電話でそういう取材をした記憶もございます。

霊魂は、どこに行くのか。あの世は、どこにあるのか、なかなか難しいですけれども。これも午前中出てきたお話ですけれども、雄略天皇のお墓を壊してお父さんを殺された復讐をしようとしたという話が『日本書紀』に載っています。五世紀の後半のことです。つまりこの段階では雄略天皇のお墓にはまだ魂が、霊魂が残っている。そういう考えがあったわけです。ヤマトタケルのように飛んでいく霊魂もあれば、まだお墓に残っているというような見方もある。だから、一元的に古代はこういった霊魂信仰だと律してしまうことは、あまり実際的ではない古代というのは。非常に多様な社会であった。そういう時代だったのです。

座談会

〝あの世〟観に学ぶ

平井芽阿里／穂積裕昌／植田美津恵／川崎　保／平林章仁　［司会］今尾文昭

はじめに

今尾　今日一日、〝あの世〟観に学ぶという発表がありました。考古学ではよく、「考古学、見てきたような嘘をつく」と揶揄するような言葉がありまして、考古学者はしっかり見てきたものに基づいて話しなさいっていうことです。しかし、あの世を私は見てきたことがないので、駁とした話であっちへ行ったり、こっちへ行ったりということになるかもしれません。

皆さんのお話を聞いている中で、いくつか共通に出てきた言葉として、「魂」の存在やあり方。お墓あるいは身体に魂がとどまっているのか、とどまっていないのか。とどまらない場合は、あの世というものへ旅立っていく、そのときに「鳥」が介在するのかしないのか――。いずれもどの時代からそういうようなことが考えられるのか、という話がありました。

それから仏教の関係の中で、どういう形で古代社会の〝あの世〟観の形成に影響を与えていくのか。また、『日本書紀』『古事記』で描かれている世界と、今日最初に平井先生が話された琉球の地域はまた違う文化を持って今日まで維持されてきたと思うんですけれども、その比較文化と言いま

座談会風景（第9回東海学シンポジウム「〝あの世〟観に学ぶ」2022年10月10日）

すか、そうしたことを柱にしながら座談会をしていきたいと思います。では最初に穂積先生からお願いします。

穂積　簡単にということで、私が言いたかった一つは、戦後の古墳時代研究の枠組みが政治史中心にきているということもあります。どうしてもその考え方が、倭（ヤマト）王権との関係性あるいは遺物を介した関係性ということでやっていくんですが、今日お話ししましたように、政治だけではなくて、死との関係性。古墳というのは墓である以上、死との関係性をもう一度再生する必要性がある。例えば、今日の話のメインの一つの河内黒姫山古墳。これは大量の甲冑が出たということで、倭王権の軍事指揮官であるとかそういったような話題にどうしてもなってしまいます。でも、今回お話ししましたように埋葬施設（遺体側）に向けて立てられた武具系の器財埴輪や、あるいは石山古墳などでは遺体の上に置かれた革盾も表面を遺体に向けて置かれる、そういったものを細かくみることによって、政治的な話とは別に、どういう死に方をしたのかというような個人的な理由が古墳の埋葬のいろいろな所作と関わる、あるいは埴輪樹立に関わっていったような可能性はないのか。そういうことはどうしても研究から抜け落ちてしまう部分ですが、やはりそういうことこそ人間と死の関係性を取り結んでいくような、重要な視点になっていくのではないでしょうか。

そういう点で平井先生の沖縄の洗骨の話がありましたが、これも沖縄だけにある習俗ではなくて、おそらくそういうようなことがもっと広く行われていた。例えば遺体を洗うということでは、今でも湯灌をしますし、それは一般的な習俗の中にあります。それが古墳時代、古代の殯(もがり)においても、そういうことをするような遺構はないのか。そういう視点で今回、導水施設というところで遺体を洗ったりする——浴する。遺体洗浄ですね——それぞれの関係を考えてみたわけです。

今尾 ありがとうございました。では、次は川崎先生、お願いします。

川崎 最初に言い訳といいますか、私はこういう時代が専門じゃなくて、逆に私が皆さんにお聞きしたいです。今日は古墳時代のお話に特化していますが、鳥の葬送儀礼にかかわる役割みたいなものは、弥生・古墳時代からずっとあるような気がします。しかし、奈良時代以降、あんまり目立たなくなるという感触、感想をもっています。私の専門である耳飾りも、飛鳥時代ぐらいまでなら残っているけれど、奈良時代には聞かないですね。そういうものや死生観というのが日本人の中で変わっていくのは、仏教とかそういうものが関係あるのか。古墳時代は長いですので、前半と後半で違ってくるのかとか、そういう思想がどう関わっているのかということもお聞きしたいです。

今尾 その話はまた後でやりましょうか。平井先生お願いできますか。

平井 私はずっと沖縄の神様の研究をしてきたんですが、神の世界では死はケガレになるので、二つの世界はちょっと分断しているんですね。御嶽(うたき)という神様の聖地で調査をするときは、お墓とかにあまり立ち寄ってはならない。地元の方たちのケガレへの恐れがあって、神様はケガレをとても嫌うということを、大学院生のときから叩き込まれてきました。ある時、知り合いの方が亡くなってしまって、宮古島でその方の仏壇にお参りをしてから、別の地域の御嶽の神様の聖地に調査に行ったところ、そこにいた女性の方々に、なんかすごく頭が痛くなってきたけど、あなた何かしたって言われて。仏壇にちょっと行きましたみたいなことを言ったら、塩水で体を洗ってからもう一回来てという、それぐらい強い考えです。

これは現代社会の話で、何十年も前の話ではありません。そのようなことから今日、死とあの世について話をしたんですが、私が考えることを二つだけお伝えすると、今日のお話にもありましたように、誰もが死ぬ、死と関わっている。この私たち全てに関わることを、どのように人間がイメージしてきたのか、またしているのか。そこに人々の価値観や生き方が表れるので、学ぶことはとても多いように思います。もう一つは、今でも死者と関わり合いながら生きている。例えばおじいちゃんにお祈りをする、お墓参りで挨拶に行く。沖縄とかですと、本当に直接的に亡くなったお父さんが自分に子供を授けてくれた、感謝するっていうように、ずっと関わりながら生きていく。ですから、あの世は全然別のところにあるわけではなく、この世の一部として共存しているというのが今日お伝えしたかった点です。

今尾　ありがとうございます。それでは植田先生お願いします。

植田　仏教の絵画で、「九相図」というのがあります。これは人が死んだらその体がどうやって変化していくかというのを九段階にして示したもので、最初はすごく綺麗な女の人、モデルが小野小町っていう話もあるんですが、その人が病気になって死んでいって、死斑が出て、膨らんで、中から血や膿が出て、最後は土に還るという。モデルが女性ということは、当時の僧侶たちの煩悩を鎮めるためで、外面はどんなに綺麗であっても死んだらみんな同じで、体は腐っていくんだよということを教えようとしたという話もあるものなんです。一方で現代を顧みると、やはりその自然に起こることから少し目を逸らしている部分があると感じるんですが。例えば医学でも無理に延命をさせようとするのもその一環だと思います。今、「多死社会」と言います。少子多死社会、たくさんの人が亡くなっていくので、都会では火葬場がいっぱいで、亡くなってもすぐに火葬にすることができません。順番を待つ間に遺体が腐っていくので、ドライアイスでしばらく保存をするということが行われています。

それからもう一つは、エンバーミングという技術があります。元々はアメリカの南北戦争のときに、遠くで亡くなった兵士を家に帰らせるのにとても時間がかかるので、防腐剤とかホルマリンを血液の中に注入して、生きているままの姿にして保存しておくという技術です。マイケル・ジャクソンとかマリリン・モンローにもそれを施してるはずですが、そういう特別な人ではなく一般の人たちにもエンバーミングという技術で、なるべく生前そのままの形にしておきたいというのが少し広まってきています。そういう技術を教える学校も日本にあります。そうすると、魂もそこに封じられてしまうのかなとか、魂が抜けているのに形だけ揃え、一体何を求めてするのかなとか、技術が進んでだんだん自然と乖離してくることに少し疑問といいますか、これからどうなるのかなというふうに感じたりはしています。

今尾　平林先生、よろしくお願いします。

平林　川崎先生のお話と関わります鳥霊信仰。これ日本だけじゃなくて非常に古く、例えば中国では、太陽の精は三本足のカラスであると。これは漢代にも残っておりまして、日本でも熊野、紀伊半島熊野の三山の象徴は三本足のカラスであるということです。非常に広く分布している信仰であります。それがどういうふうに今日に継承されるか、なかなか難しい問題でありますけれども。例えば神社に行けば鳥居というものがあります。古代には実際、あそこに鳥が止まっていたわけです。生きた鳥ではなくて鳥形の木製品などを止まらせる。ところが、お墓にもやはり鳥があった時代があります。今はもうほとんど見ることはなくなりましたけれども、和歌山県の高野山に一部残っています。だから死にも神にも鳥というものが後世まで用いられていたところに、鳥霊信仰の伝統というものがうかがえます。川崎先生からの宿題だと思いますけれども、仁徳天皇がどうして「オオササギ」という名前なのかということですけれども、サザキをミソサザイと解しますと、ミソサザイには太陽王の象徴としての信仰がありまして、それにより仁徳の名がオオササギでいいんではないか、というふうなことも考えられると、一案ですけれども、以上でございます。

今尾 ありがとうございます。では、これから議論を交わしていきたいと思います。

死への恐れとケガレ観念

今尾 最初に私から穂積さんにお聞きしたいのですが、古墳を政治史の中でとらえるだけでは不十分だというのは、もう全くその通りだと思うんです。その話はともかく、黒姫山古墳での二四領ほど出た甲冑の意義付けですとか、盾形埴輪が後円部から前方部に向かって、外に向かって面を置いている。あるいはほんものの盾ですね、置盾ですけれども、盾を伏せたような形で埋葬施設に置く。こういったものは密封思想、お墓として密封して触らないでおきましょう、悪霊が憑りつかないようにしましょうというお話だったと思います。そこは大変よくわかるのですけれども、それは前期古墳のことなのではないかと単純に思ったりするんですね。一般的な古墳時代の考え方は、前期は遺骸の密封ということを具体的な行為としてするわけです。その密封する理由は死者に対する恐れであるという。死者の蘇りに対する恐れであると、こういうような説明があるんですね。近畿ではおもに六世紀の後期古墳になると横穴式石室で追葬行為が行われ、石室の中に、須恵器や土師器など日常の用具の副葬が目立ってくる。それについては、あの世での生活感ということを意識しながら、古墳時代の人たちは葬送観を変えていったんだという理解が一般的だと思います。そのあたりはいかがですか。

穂積　その辺りに関しては、方法は違っても基本的には死者に対する考え方、観念はそんなに変わってないだろうというふうに考えます。先ほど植田先生から「九相図」の話が出ましたが、平安時代においても、人が死んだら朽ち果てていくということに対する恐れというのは強烈にあります。平安時代初めの空海の『三教指帰』においても、絶世の美女も死んだら腐敗液が出てきて累々たる臭いが充満する、というようなことが書かれています。そういうことを見ていくと、『古事記』『日本書紀』のイザナミ、イザナギのウジがつくとか、そうしたところは基本的に通底する内容です。後期古墳においても、最近、出雲の方では、〝蘇るな〟ということで遺体をあえて毀損したことに焦点を当てた展示もあります。これは九州大学の方の調査研究もありましたが、そのまま封印するだけではなくて、こちらの方へ戻ってきてもらったら困ると。もうそこの古墳の中で鎮まってほしいというような思想がずっと見てとれます。ですから、前期古墳では埴輪列などで封印をされる状況である。前期の後半から中期古墳にかけては、先ほど私がお話ししたような武具の埴輪を表面を外に向けたり、あるいは内に向けたり、それぞれいろんな事情がある。外部から寄りつくものを遮断する、あるいは内から暴れ出るものを防ぐ、そういうような思想がある。それを中期の後半から後期にかけては、人物埴輪が出てきたらその人物埴輪の所作の中で、遊部になぞらえるような所作の中で、そういう考え方を演じているか、その舞台で象徴化しているというふうに考えます。

重要なのは、先ほど今尾先生が横穴式石室の中で飲食のための須恵器とか、あくまで共飲共食儀礼にするのではなく、神社とかであれば毎日神職さんが食事捧げるわけですが、古墳は基本的には、一度葬ったらそれ以上、あまり人の立ち入りはしません。もちろん横穴式石室は一回立ち入ってどんどん追葬などしていくわけですが、基本的には人はいませんので、そういったものを朽ちることのない土製品に置き換えて永続的に死者の霊を祀っていますよということを象徴化し祀っていた。そういうふうに考えます。

今尾　その死に対する観念というのが、例えば生物学的な死に対しての恐怖の観念、『魏志倭人伝』の中にも、葬ったあと「澡浴（そうよく）」すると出てくると思うんですけれども、それがそのままの状態で歴史的にずっと基礎的に維持されるたは僕は考えてないんです。あとの時代につながる死のケガレという観念を形づけるのは、やはり仏教の観念であって、例えば平安貴族たちがお墓へ行くのを嫌がる、陵墓の諸陵寮の役人になっても、陵墓へ出かけるのを辞退すると。そういうことが起こってきたりすると思うのですけれども、死とケガレと仏教みたいなことについて植田先生、なにかありますでしょうか。

植田　先ほどちょっとお話したんですが、僧侶はそういう死とか死体に触らなかったという時代が長くありました。ケガレたからという考えがあったんですが、それはもう徐々に変化していると思います。皆さんもお葬式のとき、最後に清めの塩をいただいたことがあると思うんですが、あれも、死はケガレではない、死ぬことは悪いことではないという考えのもとに、今お葬式のときには清めの塩をなくしていこうという方向にあります。私は一応寺院に属しているんですけれども、やっぱり中には、あそこのお家で亡くなった方がいる、そうすると神社には行ってはいけないとか、前を通ってはいけないとかというのが地方によってはありまして、それに対してお寺の僧侶の立場としては何を言ってるんだっていうような、そういうことに今はなりつつあります。死はケガレではない、悪いことではないということです。

今尾 平井先生からお聞きした御嶽へ詣でるときには、ケガレを避ける。そのケガレは死から来ているというようなお話があったんですが、沖縄のその死のケガレというのは歴史的な遡り方でいうとどうなのですか。

平井 歴史的な遡りということでは、基本的に沖縄は仏教の浸透に失敗しています。伝来して、ちゃんと僧侶の方が来てお寺もあるんですけど、お寺の数は全国で四七番目、八九カ所しかありません。死をケガレとみなすのは、元々の沖縄の持つ土着宗教という言い方をしますが、現代民俗学では民俗宗教と言っています。神様は死のケガレをとても恐れるという観念があって、それを塩でブロックするということなのですが、それは日本も元々同じです。例えば近所でお葬式が出ますと、かつては家でお葬式をやっていたと思いますが、帰って来るとき、あるいは近所で誰かが亡くなると神棚とかに白い紙を貼って防いだりですとか。あるいは自分の子供と同じ年ぐらいの子が亡くなってしまうと、その後急いでお餅を作って、七歳の子だったら七つ食べさせるとか。またはお餅で耳をふさいで死の知らせを防ぎました。米とか塩を使ってやってきたというものなので、そう考えると、それは仏教かというと、日本に元々あったケガレの観念と非常に似ているものが現代もあるというふうに考えられるかなと思います。

今尾 はい。私が言ったのはケガレに対して逆にキヨメ、それにも多分に歴史性があるので一様には言えないんじゃないかという意味をちょっと申し上げました。穂積さんからご意見があると思います。

穂積 ひと言だけいいですか。ケガレという言葉を使ってしまうと、やはり話がその言葉に引っ張られて、議論がちょっと違う方向に行ってしまうので、私が言いたかったのは、凶癘魂(きょうれいこん)、あるいは『古事記』『日本書紀』の中では雷とか、そういう外部から寄り来るものが死者との関わりで恐れられたのではないかということです。それと同じような意味で、例えば「崇神紀」のところで、大物主、天照大神、倭大国魂神、いろいろな神の働きによる疫病とか洪水が起こってくる。そういうものに対する恐れですね。沖縄と一緒です、琉球と一緒で、本来死と祭祀・神の世界とは別物なんですが、両者ともに非常に怖い、強烈に恐れるものというところで共通する回路が結ばれる。そのように考えてはどうかというふうに思います。

あの世はどこにあるか

今尾 「魂が悪霊と化する」とか、そういうような意味でしょうか。もう一つ、これはよく知られているように前期古墳の埋葬施設の構造はもう「密封」だと思います。「密封」することを強く意識した。ですから亡くなった人に対する恐れ、蘇りの恐れもあってということなんですけれども、では亡くなった人がどうなのかというところで、前期古墳の場合、ごく一部の首長の中には、「鏡囲い」、鏡で頭のあたりを囲う形で葬られる。例えば和泉黄金塚古墳とかですね。それから兵庫県の権現山51号墳です。複数の鏡が頭の上方や顔の真横とかに置かれる。これは多分に中国の神仙思想、昇仙への憧れというのでしょうか、そういうような考え方が入ってきてるんじゃないかと。しかし定着はしなかった。三角縁神獣鏡の中にはわざわざ仙人と銘した鏡があったりします。葛洪が『抱朴子』という道教の指南書を書いていまして、『抱朴子』の中には大きな鏡を背負って山の中に入れば、魔物を鏡に映じることができる。あるいは七日七晩、頭の四方向に鏡を置いていると、悪霊が自分の鏡に映ることによって邪を除くことができる、こういうような道教の教えがあるんです。そういった考えが三、四世紀の被葬者のもとへも及んできてるんじゃないかなと思ったりします。当然、日本列島の古代文化も東アジアの中で考えるべきですし、強烈に中国の思想、宗教、文化、風俗の影響があるんですよね。今年（二〇二二年）高松塚古墳の発掘から五〇年ですが、同じ五〇年前に馬王堆の漢墓が発掘された。漢墓と言っても戦国末かもわかりませんが、棺の上の帛画に地上界、地下の世界、それから昇仙世界、天上界を描いていて、仙人世界へと被葬された人物が昇っていくような絵を描いています。〃あの世〃観も一定、明確ですし、死者の葬り方も明確なのです。そういうものが完璧に日本列島に来るとは思わないですけれども、無関係でそのまま古墳時代の列島の中だけの、いわば「信仰」が維持されるとはちょっと思えないのです。平林先生、時代が全然違いますけど、尸解仙（しかいせん）の話もなさっていました。道教の入り方とか仙人世界との関係とか、何か参考になることがありますか。

平林　そうですね、いわゆる完成された形の道教というものは日本社会には定着しなかったけれども、断片的な知識や習俗としては、かなり古くから日本に入ってきているというふうに見ていいと思います。今尾先生がおっしゃったような、古墳における鏡の使い方などもそうですし、例えば天皇が亡くなったときに、『古事記』『日本書紀』は、神去る、あるいは神上がるとか、そんな表現をしています。つまり神の世界へ行ってしまった、あるいは神の世界へ上がっていったと、そういう表現ですね。古代の日本では人間を神として祀るということはなかったわけですけれども、天皇の死に対してそういう言葉を使っている。その神は一体何だろうかと。それは神仙、つまり仙人のことだと私は理解しております。つまり天皇は亡くなってどうなったのか、それは仙人の世界へ行ったんだ、そういうふうな信仰というか思想が受容されて、そうした表現が古代になされたんだろうと思います。尸解仙のことは、聖徳太子が片岡というところへ遊行したときにも、そういった現象があった。これは聖徳太子を恐らく仙人になぞらえる思想から生まれた説話、事実ではないけれども。だから後の世、つまり推古朝のあたりにおいてもそういった神仙思想といったものへの憧れとかが非常に強かった部分があると思います。それは、おそらく日本において道教、神仙思想で重視された水銀が産出すること――仙人になるために中国では修行の一つに薬を飲みます。その薬の一つが水銀をまぜた薬――そういった仙人になるための薬の原料が我が国で大量に産出するということ、それをまた採掘する渡来系の集団、私は秦氏だと思いますけれども、そういう人たちが活動をしていた。そういうところから窺い知ることができるだろうと考えております。

今尾　ありがとうございます。そうするとあの世はどこにあるんだろうという話のときに、神仙世界ということになれば、昇仙への憧憬、上っていくというか天上世界にあるというように思われます。これは文献古代史の例えば『日本書紀』『古事記』の中で、「根の国」もありますが、基本的には天上世界から神が下りてきます。あの世というのは天上世界にあると考えていいんでしょうか。どうなんでしょう。

平林　なかなか難しいところですけれども、おそらく一部の支配層、そういった神仙思想を広く受け入れた人たちの中には、そういう考えもあっただろうと推察できると考えております。

今尾　これはよくある話かもわかりませんが、沖縄のニライカナイはどこにあるんですか。

平井　はい、グーグルマップには載っていないんですけど、ニライカナイは海の彼方にあるということです。ニライカナイはあの世なんですけど、死の世界としてあるわけではなくて神の国でもあるので、そのあたりがやはり混在しているということです。

今尾　水平なのか垂直なのかということですね。仏教で描く来世観、極楽でも上の方もあれば西方浄土もあります。これは何か基本的なことかもしれません。

植田　仏教では西方浄土が基本で、やっぱり西の方にあるということだと思います。阿弥陀様に迎えに来てもらうという来迎図がいっぱいありますけれども、迎えに来てもらって一緒にあの世へ行く、西の方へ。

鳥は魂を運ぶ存在?

今尾　ありがとうございます。来迎図は雲の上から光が差していると思いますが、あれは西方からやってきて上に昇っているということですか。そうすると、あの世へ導くものとして、鳥が介在しているというお話もあったんですけれども、川崎先生、その魂を運ぶ鳥という意味ではいかがですか。

川崎 お答えになるかわからないのですが、たぶんまだ研究は端緒で役割分担があるかなと思うんです。鳥というと幅広いですけれど、縄文・弥生・古墳時代の資料をいろいろ見ていて、流行り廃りがあります。例えば、弥生時代はシギ、サギ、水鳥の中でも足が長い鶴みたいな鳥、渉禽があります。ところが古墳時代になると、圧倒的に多いのがガン、カモ、白鳥＝スワンなどの遊禽が増えてくる。縄文時代の貝塚から白鳥も出るし、狩りで食べたりしているので見ているはずなんですけど、縄文時代の造形はやはり弥生や古墳と違うんです。多分その時代時代の基本的なベースはあまり変わらなくても、鳥の介在で、やはり古代人は自然を観察してます。すごく住み分けがあるんだなと。例えば、鳥なら何でもいいかというと、よくないんですね。だから、ヤマトタケルはやっぱりスワンでなきゃいけなかったと思うんです。やっぱり大きい鳥がイメージされているんじゃないでしょうか。

小さい鳥、鳴禽も声がすごく大きいですね。平林先生からのお話もありましたように、ミソサザイは太陽の霊だというのは、ヨーロッパでは鳥の王はミソサザイなんです。鳥の王がミソサザイと喧嘩して、ミソサザイが勝つという話です。ただ大きい小さいというだけではなく、声が大きいとか、霊力があるとか、そういうことも着目した。みんな大きく強くてアメリカの国鳥のハクトウワシ並みかというと、そうじゃないんです。だから私としてはサザイ＝ウグイス説です。結構鳴き声が目立ちますよね。地鳴きにしろ、ホーホケキョにしろ。それを古墳時代の人が見過ごすはずはないということです。

今尾 ウグイスは『日本書紀』『古事記』には取り入れられなくて漏れているのだけれども、実はミソサザイはウグイスのことだったんやという話ですね。そうしたらどうして『枕草子』にはウグイスが出てくるのですか。モズとウグイスを混同してるようなことはないのですか。

川崎　基本的にミソサザイかウグイスかは混同する可能性あると思うんです。実際に慣れないと、鳥は結構同定が難しいんです。コノハズクをブッポウソウだと思っていたのも、つい最近までのことです。古代人が解剖学的に分類した可能性はないので混同はしやすいですが、モズってすごく特徴的なんです。尻尾をグルグル回したり電線に止まったり。すごく特徴的な鳥なので、モズと間違えないでしょう。『日本書紀』でも区別しています。それにあれは仁徳天皇がモズになったっていう話じゃありません。平林先生にお聞きしたのですが、土地の神様が怒って悪さをしたみたいな感じかなと思っています。

今尾　あまりに細かい話になるので、これくらいでやめておきますけれども、『枕草子』は平安時代中期で一千年前後ぐらいの話ですね。「みささぎは　うぐひすのみささぎ。かしはぎのみささぎ。あめのみささぎ」。平安貴族たちにとっての「陵」認識は、「かしはぎのみささぎ」が柏原陵で桓武天皇陵ということになればわかりやすい。それから「あめのみささぎ」が天智陵ということになれば、平安貴族たちにとって天智天皇と桓武天皇を、自分たちの「始祖」として奉幣を怠らない。ところが仁徳天皇はなかなか出てこないんです。そういう意味から言うと、このミソサザイであるウグイスのミササギが本当に仁徳陵ということになれば面白いなというか、その頃中央の貴族たちがしっかりと認識して古代の三帝陵として、三つの陵のものづくしとして話の中に清少納言を取り上げているのは面白いなと。僕もこの「うぐひすのみささぎ」はどこかというのは興味を持っています。

さてそれで、鳥が魂を運ぶというように理解して良いのかどうか。また、それが一体いつの話なのかというところで、穂積さんは意見がありそうですね。

穂積　あまり意見はないのですが…（笑）。先ほど平林先生が天若日子の殯（もがり）のところで、鳥のいろいろな役割をお話しいただいて、それが弥生時代でもいわゆる鳥装のシャーマン、奈良県の唐古（からこ）・鍵（かぎ）遺跡やその隣の清水風（しみずかぜ）遺跡で鳥形をした人間を描いた土器が出ている。ですから、そういう信仰というのは、ちょっと古い時代にさかのぼるだろうと。ただ、それが葬送なのか、あるいは祭祀、つまり神祀りなのか、その問題はやはり大きくて、琉球と一緒で本来はやはり神祀りと葬送――ここはごっちゃにして全部祭祀と言ってしまうことが多いんですが、神祀りと葬送は本来は別物である。もちろん共通する性格がありますが、本質的なものとしては別物だろうと考えています。

今尾　ありがとうございます。確かに、坪井・大福遺跡とか清水風遺跡、唐古・鍵遺跡の周りでも、土器に線刻で絵が描かれていて、頭の部分に鳥の被り物をして両手を広げ大きな鳥を示すような形、鳥装ですね、鳥の装束をまとうような絵画土器が出ているんです。ですから通常でない格好を人間が鳥に託して、何か儀礼を行っているということがあったんですね。ヤマトタケルの伝承に関わっては、魂を鳥が運んでいくんですよね。平林先生それでいいですか。

平林　その通りですね。鳥が運んだ、鳥になって行くから……。

なぜ国家は陵墓を守るのか

今尾　そうですか。それとこれもまた細かな話ですけれども、『古事記』では、ヤマトタケルの「白鳥陵」は、二カ所なんです。能褒野（のぼの）とそれから河内国の志幾（しき）に行くんですね。『日本書紀』の方では、能褒野から飛び上がって大和の国の琴弾原にとどまって、また天上に昇って河内の国の旧市邑に行く。旧（古）市と志幾は、実は両方とも古市古墳群のことと思うかもしれないけれども、旧（古）市と志貴（紀）は郡が違います。『古事記』と『日本書紀』の両方に、そのヤマトタケルの魂が白鳥と化して故地に向かう話があるというのは、これはヤマトタケルの話が『古事記』『日本書紀』に反映するまでの間に、そういう話が広く流布していた。すでに周知されていて何種類かの話があった。もしかするとそこに古市と、同じ古市古墳群の中でも北側にある志紀郡の方にもある――これはかつて森浩一先生が言及されたように津堂城山古墳かもしれません――南の方にある古墳時代後期の前方後円墳とは違うんじゃないかと、こういうように思ったりもしています。ところでヤマトタケルの墓は『延喜式』にも載っていて、それから『続日本紀』にもありましたね。地震が起こって使者を遣わすとか。つまり、魂がいなくなっても国家管理となる「能褒野墓」は存在するんですね。今の「能褒野墓」かどうかはわからないですよ、名越丁子塚と地元呼称で言うべきかと思います。律令国家が管理したヤマトタケルの墓が名越丁子塚なのか、武備塚なのか、白鳥塚古墳なのか、また別なのかというのはわからないんですけれど、いずれも国家は確実にヤマトタケルの墓を守っている。そこには魂はないんですけれども、どういうふうに理解するのかなと思うんです。何か先生方、何か明確な答えが出るヒントはありますか。

穂積　これは平林先生のご専門なんで私が言うのもなんですが、その次の成務天皇と比べると、ヤマトタケルに関しては、戦後の学会に従って非実在ということにすると、その後の経過が全部なくなってしまうんです。ヤマトタケル、息子の仲哀、それからずっとその後に連綿と続いていく系譜関係の中で、ヤマトタケルというのは非常に重要なキーマンのような存在ですので、やはりなくすことはできない。ですから、そこに実際に遺体があるかどうかはわかりませんが、ヤマトタケルという存在感が律令国家の中でも非常に重きをなしていたのではないかということ。私はそのように考えます。

平林　そうですね。これは非常に大きな問題でして、大和王権、あるいは王家が万世一系といった状況なのか否か、ということであります。仲哀の後、神功皇后、応神、仁徳そのあたりで、大和王権が大きく変質する、あるいは天皇家の系統が若干変わるんではないかという古代史上の非常に大きなテーマに繋がってくる。『古事記』や『日本書紀』を編纂する段階においては、既にそういった万世一系的な王統譜、つまり天皇家の系譜ですね、それが出来上がっているということは、そういう歴史を大和王権が形成しているということになります。だから、これは『古事記』『日本書紀』にいたる大和王権の歴史がどういうふうに語り伝えられて生成されてきたかということと、歴史的な事実として、四世紀末ごろに日本古代の歴史に一体どういう事態が生じておったのかと、その二つの課題を突きつけられることになります。これはまた別にテーマとして、ここでシンポジウムを開いていただいた方がいいような大きなテーマだと思います。

今尾　そうですね、王権論のテーマはちょっと横に置いておいて、今、私がなぜそういうことを言ったかというと、たぶん穂積さんが言っておられるような、国家にとって非常に重要な人物なので、陵墓リストに上げて公的守衛をした。報告で植山古墳の例を挙げましたけれども、植山古墳は推古と竹田皇子の合葬墓説が強いです。『古事記』の最後は推古を科長(しなが)大陵に葬る。改葬するということで終わってるんですね。これは誰の仕事かわかりませんが、たぶん舒明の仕事だと思います。改葬する限りは、改葬したときに何を持っていくか。日高山古墳の横穴の場合なら、たぶん骨は持っていくんだろうと思うんですけれども、そうすると魂も持っていくということなのかもしれない。それでも植山古墳が、もし改葬前の推古陵で良いとすれば河内の科長に改葬をしながら、元の場所にもしっかりと柵を巡らします。方位を整える時期というので七世紀代半ば以降だと思いますが、しっかりと管理を継続している。その辺のイメージは、飛鳥時代から奈良時代にかけてはつかめるんですが、古墳時代にさかのぼってどういう形で墓を守るかというのは、穂積さんは考えを持っておられるんですけれども、私なんかは明確に持っていないです。

例えば、こういうことがあります。律令国家そのものが魂の行方を気にしていたというところでは、関係するにこういう記述があるんですよ。『日本書紀』の持統七年二月条、「己巳に、造京司衣縫王等に詔して、掘せる尸を収めしむ」という改葬に関連する詔をしている。要するに荒っぽくせずに丁寧に収めなさい、改葬しなさいと。藤原京を造るときに五〇基ほど古墳を潰しているのですが、そのまま都づくりで潰しているのじゃなくて何らかの形の改葬行為をしてるんだろうと思っています。これは古墳に魂が伴っている、魂が存在するという前提だと思います。

それから『続日本紀』和銅二年（七〇九年）ですから、奈良の平城京を造る七一〇年の前年ということですけれども、その十月条に癸巳勅したまわく、「造平城京司、若し彼の墳隴、発き掘られば、随即埋み斂めて、露し棄てしむること勿れ。普く祭酹を加へて、幽魂を慰めよ」とのたまう。祭酹というのは、お酒を地に注いだりしてちゃんと丁寧に扱いなさいという。そうやってそこにとどまる霊魂、幽魂を慰める。これも平城京内での「墳隴」とありますから、盛土があって古墳が出てきたときには、しっかりと丁寧に収めなさいという。天皇が命じている。一つの秩序立てと、それからお墓に霊、魂がとどまっている、お墓にも魂が存在してるんだという、そういう読みですね。文献史資料はあるが考古資料がどこまで補えるかという問題があるんですけれども、こういう問題があります。平井先生、沖縄では鳥は喪葬に関わったり神の祀りに関わったりしますか。

平井　はい。沖縄も同じような形で、兄弟のことを姉妹が霊的に守護する「おなり神信仰」というのがあるんです。兄弟が海で溺れかけていると白鳥に変化して助けに行くという。それが少し関連するのと、あと沖縄の聖地である御嶽は最初にどうやって作るかと言いますと、白い鳥が降り立った場所を聖地とすることもあるので、先ほど川崎先生のおっしゃったように鳥への霊力というのが認められている。また家に鳥が入ってくると何か気になるということで、ユタのところに行ったりするので、鳥が象徴的だったり、鳥が神の使いであるというような信仰が見られると言えると思います。

今尾　ありがとうございます。今日は共通の言葉として出てきた鳥の問題とか、魂の所在の問題とか、それから穂積さんの方で提起されたケガレの思想とお墓の問題とかのお話にとどまってしまったんですけれども、最後にひと言ずつ何か言葉をいただきたいと思います。穂積さんからお願いします。

穂積　こういう話題がシンポジウムのテーマになるということは、今まで考古学ではまずなかった。どうしても政治的な問題ばかりが研究のトレンドで、あるいは細かい遺物の解釈、それとの関係性ということでした。やはり学問というのは大きな話題、今回やったような死生観であるとか、そうしたテーマというのもやっていくべきであると改めて思いました。僧籍の方、沖縄を研究されている方、いろいろな方が一堂に会することによって、学際的でまた新たな枠組みが出てくるんではないかなという予感がありました。どうもありがとうございました。

川崎　やっぱり実物を見ていろいろ考えることが大事かなと思いました。それも土器とか石器とか古墳とかだけではなく。弥生の鳥はやっぱりサギ、シギなんですね。サギ、シギは足が長い渉禽です。その後、遊禽や白鳥も入ってきたり小鳥も入ってきたというのも、また何か意味がある。現代の考古学者が全部鳥だって言ってるものを、古代人は区別していたはずです。例えば、葬送儀礼ではいっぱい鳥を仕分けしてましたよね。そういう役割分担が意味されていたと思います。また皆さんのお知恵を教えていただきたいです。

平井　古代、古墳ということで実は初めてそういう話を直接聞く機会だったので、大変勉強になったというのが感想です。また、沖縄とか現代と何か関連する部分があるのか心配もしていたんですけど、意外とシャーマニズムという現象と深く関わり合っていて、それが非常に興味深かったですね。例えばシャーマンは「脱魂」といって体から魂を飛ばして治療をしたりというのが元々シャーマンの定義としてあるんですけど、沖縄のユタの方たちは魂が体から出たときに鳥のように飛んでいくと表現します。もしかしたら、その鳥のように飛んでいったことが、鳥に変化したと表現されていったのかもしれないなどと、いろいろ勉強しなければいけない宿題を今日いただきました。本当に先生方、ありがとうございました。

植田　私は医学の世界にずっと身を置いてきたので、ちょっと場違いかなと思いながら来たんですけれども、脳死と臓器移植という問題がありまして、臓器移植法ができてかなり経つんですが、日本では臓器移植というのがほとんど進んでいません。諸外国に比べると年間の件数もすごく少なくて、脳死や臓器移植という概念がどうもすんなり入ってこない人が多いのかなという気がするんです。やはり、どこかに魂の存在というのを信じたときに、人工的にその臓器だけを抜き取って誰かにあげる行為については、どこか否定的なところもあって今の現状があるのかなという気がしてきます。また、骨とか遺体を、「お骨」「ご遺体」とそれを敬う表現というのも日本独特で、そういったことに対するこだわりっていうのは見直していかないといけないのかなと。鳥が魂を運ぶなんていう話は私自身大好きですし、そういうロマンを感じさせてくれる、今日のシンポジウムだったなというふうに思います。現実をきちんと見なくちゃいけないんですけれども、やはりロマンを感じながら、混沌とした日本の中で、あの世というものをもっと見つめていきたいなというふうに思いました。ありがとうございました。

平林　明治以降そういった傾向はありましたけれども、戦後の日本は非常に宗教性が希薄になってしまった社会だと思います。明治以前の日本の社会、日本の歴史を考える場合、政治的な面だけではなくて、やはり宗教性というものを考えないと理解できない。半ば、人々の心の中を占領していたのは宗教であり、その信仰であったと思います。だから今日のシンポジウムも大変勉強になりましたし、意義の深いものであったと私は感じました。どうもありがとうございました。

今尾　どうもありがとうございました。本日は一日、〝あの世〟観に学びましたけれども、来年も何かに学ぶというテーマを設定いたしますので、どうぞ皆さん、まだあの世には行かずに、来年もこの場に集っていただければと思います。それではこれで終わりたいと思います。どうもありがとうございました。

2018年　第６回　三角縁神獣鏡を考える　森浩一古代学を読み解くⅡ

森先生と古代の製鉄（滋賀県教育委員会 大道和人）／森先生と「日本海学」（敬和学園大学客員研究員 藤田富士夫）／森先生と「反乱伝承」～南山背の古墳動向～（神戸女子大学教授 寺沢知子）／森先生と神仏の考古学Ⅱ ～森先生の思索の現場から～（三重県埋蔵文化財センター 穂積裕昌）／森先生と「騎馬民族征服王朝説」（長野県埋文センター 川崎保）／「森浩一氏の三角縁神獣鏡国産説」について（南山大学名誉教授 伊藤秋男）

2019年　第７回　東海と王権　～大王・天皇と祭祀の歴史～

中世の天皇と王権（中部大学教授 水野智之）／天皇と上代仏教ー仏教伝来時期を中心にー（國學院大學兼任講師・法相宗僧侶 有働 智奘）／宮廷歌人柿本人麻呂と王権（フェリス女学院大学名誉教授 森朝男）／『日本書紀』にみる先皇の毀誉褒貶（関西大学非常勤講師 今尾文昭）／考古学からみた大嘗祭（三重県埋蔵文化財センター 穂積裕昌）／大嘗祭の歴史（愛知教育大学名誉教授 西宮秀紀）

2021年　第８回　城に学ぶ

『信長公記』と小牧山城～信長の奇特なる御巧み～（愛知県小牧市教育委員会 小野友記子）／中世末期の奈良における都市変革と多聞城（滋賀県立大学人間文化学部教授 佐藤亜聖）／山城国指月城の調査から（京都市教育委員会 馬瀬智光）／城郭建築の最高峰「名古屋城」（広島大学名誉教授 三浦 正幸）

2022年　第９回　“あの世”観に学ぶ ～古代・東アジアの葬送文化から～

あの世への送金？―現代沖縄の死生観（中部大学国際関係学部准教授 平井芽阿里）／葬所としての古墳―河内黒姫山古墳と比自支和気・遊部伝承から考える（三重県埋蔵文化財センター課長 穂積裕昌）／古墳を潰して、古墳を造る―奥津城の仕分け（関西大学非常勤講師、東海学センター理事長 今尾文昭）／戦国武将の“あの世”観（愛知医科大学客員教授、僧侶 植田美津恵）／古代天皇陵をなぜミサザギと呼ぶか（長野県埋蔵文化財センター調査部長 川崎保）／あの世はさかさまの世界―古代日本の喪葬儀礼と他界観（元龍谷大学文学部歴史学科教授 平林章仁）

2023年　第10回　食に学ぶ ～古代が育んだ知恵～

食文化の多様性―文化人類学の立場から（愛知学院大学文学部教授 蛸島　直）／木簡から見た古代の食（大阪大学大学院教授 市　大樹）／麦・醤酢・茄菜―東大寺写経所における古代給食メニューの研究（奈良文化財研究所室長 森川　実）／日本の麹の起源（東京農業大学名誉教授 小泉武夫）

東海学シンポジウムの歩み

2013年　第1回　食の不思議　東西食文化の接点・東海

縄文人の酒（松本市文化財審議会委員長 桐原健）／伊勢神宮の神饌―とくにサメと王権（京都教育大学名誉教授 和田萃）／日本料理の成立と展開―関西・関東そして東海（国士舘大学教授 原田信男）／東海の豆味噌文化―豆味噌は全国区となれるか（東京農業大学名誉教授 小泉武夫）／きしめんの基層をさぐる―小麦の民俗再考（近畿大学名誉教授 野本寛一）

2014年　第2回　歴史と災害　災害は歴史を変えたか

伊勢湾・熊野灘沿岸部の歴史地震（三重県埋蔵文化財センター主幹 伊藤裕偉）／遺跡で探る地震の歴史―地震考古学への招待（産業技術総合研究所客員研究員 寒川旭）／地形と遺跡に見る木曽川・庄内川の災害履歴（南山大学名誉教授 伊藤秋男）／祇園御霊会と一〇九六年の東海大地震―『山王霊験記』(沼津日枝神社所蔵)の世界を考える(東京大学名誉教授・元東大史料編纂所長 保立道久）／災害の記録はどのようにして作られ、伝えられてきたか（元立命館大学歴史都市防災センター教授 北原糸子）

2015年　第3回　いくさの歴史　戦争の本質を見つめ直す

屋嶋城から見えてくる古代山城について（高松市歴史資料館　山元敏裕）／継体大王のいくさ―今城塚（いましろづか）古墳から見えてくるもの（今城塚古代歴史館館長　森田克行）／京都を舞台としたいくさ―中世初期の首都争奪戦（同志社女子大学教授　山田邦和）／白村江の戦いと壬申の乱―東アジアの人の移動と古代日本（愛知県立大学教授　丸山裕美子）／長兵・短兵・飛兵―いくさの歴史（橿原考古学研究所所長　菅谷文則

2016年　第4回　いくさの歴史Ⅱ　継体と信長に絞って

1）継体のいくさ　《記念講演》いわゆる磐井の乱の背景（九州大学名誉教授・海の道むなかた館長 西谷　正）／《報告と討論》水運王継体VS.筑紫君磐井（今城塚古代歴史館特別館長 森田克行）／磐井の乱前史（高島市歴史民俗資料館 白井忠雄）／継体王権と磐井の乱（日本福祉大学名誉教授 福岡猛志）

2）信長のいくさ　織田信長と幕府・朝廷（中部大学准教授 水野智之）／信長の京都宿所と本能寺の変（奈良大学教授 河内将芳）／織田信長と京都（同志社女子大学教授 山田邦和）／小牧山城と城下町（小牧市教育委員会 小野友記子）

2017年　第5回　森浩一古代学を読み解くⅠ

森先生の「縄文文化見直し論」(長野県埋蔵文化財センター調査第二課長 川崎　保）／森先生の「熊襲・クナ国論」(奈良県大淀町教育委員会 松田度）／水の王権 ～井伊谷から拡がる古代～（古代学研究者 辰巳和弘）／森さんと文学～清張との交流を中心に～（フリーライター 深萱真穂）／森浩一先生と天皇陵古墳（関西大学文学部非常勤講師 今尾文昭）／藤ノ木古墳の発掘と森先生の被葬者論（奈良芸術短期大学教授 前園実知雄）／森先生と「日本の食文化」(東京農業大学名誉教授・東海学シンポ実行委員会副委員長 小泉武夫）

＊本書は、2022年10月10日に開催された第９回東海学シンポジウム「“あの世”観に学ぶ ～古代・東アジアの葬送文化から～」で発表された内容を収録したものである。

第９回東海学シンポジウム
“あの世”観に学ぶ ～古代・東アジアの葬送文化から～

2024年11月４日　第１刷発行　（定価は表紙に表示してあります）

編　者　NPO法人 東海学センター

発行者　山口　章

発行所　名古屋市中区大須1-16-29
振替 00880-5-5616 電話 052-218-7808　風媒社
http://www.fubaisha.com/

乱丁本・落丁本はお取り替えいたします。
ISBN978-4-8331-0641-2